Arbeitsweisen einer Sanitätsgruppe im Einsatz- und Veranstaltungsdienst

Anmerkungen des Verlags

Die Herausgeber bzw. der Autor und der Verlag haben höchste Sorgfalt hinsichtlich der Angaben von Richtlinien und Empfehlungen aufgewendet. Für versehentliche falsche Angaben übernehmen sie keine Haftung. Da die gesetzlichen Bestimmungen und wissenschaftlich begründeten Empfehlungen einer ständigen Veränderung unterworfen sind, ist der Benutzer aufgefordert, die aktuell gültigen Richtlinien anhand der Literatur und der Beipackzettel zu überprüfen und sich entsprechend zu verhalten.
Die Angaben von Handelsnamen, Warenbezeichnungen etc. ohne die besondere Kennzeichnung ®/™/© bedeuten keinesfalls, dass diese im Sinne des Gesetzgebers als frei anzusehen wären und entsprechend benutzt werden könnten.
Der Text und/oder das Literaturverzeichnis enthalten Links zu externen Webseiten Dritter, auf deren Inhalt der Verlag keinen Einfluss hat. Deshalb kann er für diese fremden Inhalte auch keine Gewähr übernehmen. Für die Inhalte der verlinkten Seiten ist stets der jeweilige Anbieter oder Betreiber der Seite verantwortlich.
Aus Gründen der Lesbarkeit ist in diesem Buch meist die männliche Sprachform gewählt worden. Alle personenbezogenen Aussagen gelten jedoch stets für Frauen und Männer gleichermaßen.

Bibliografische Information der Deutschen Nationalbibliothek

Die Deutsche Nationalbibliothek verzeichnet diese Publikation in der Deutschen Nationalbibliografie; detaillierte bibliografische Daten sind im Internet über http://dnb.d-nb.de abrufbar.

Umschlagfotos: DRK KV Euskirchen; Clemens Schröder, Münster
Satz: Bürger Verlag GmbH & Co. KG, Edewecht
Druck: Alfa print, s.r.o., Martin, Slowakei

Herausgeber: Klaus Maurer
Thomas Mitschke

Mitbegründer: Hanno Peter †

Band 5

Arbeitsweisen einer Sanitätsgruppe im Einsatz- und Veranstaltungsdienst

Jürgen Schreiber

3., aktualisierte und erweiterte Auflage

Verlagsgesellschaft Stumpf & Kossendey mbH, Edewecht 2015

Inhalt

Abkürzungen

ABC-Einsatz	*siehe CBRN-Einsatz*
AB-San/Rett	Abrollbehälter Sanitätsdienst/Rettungsdienst
ATrKw	Arzttruppkraftwagen
BBK	Bundesamt für Bevölkerungsschutz und Katastrophenhilfe
CBRN-Einsatz	Gefahrguteinsatz mit Freisetzung chemischer, biologischer, radiologischer und/oder nuklearer Agenzien
DGUV	Deutsche Gesetzliche Unfallversicherung (ehemals GUV)
DV	Dienstvorschrift
EAL	Einsatzabschnittsleitung
EL	Einsatzleitung
F	Feuerwehr
FOH	Front of House, Technikzentrum auf einer Veranstaltungsfläche
FwDV	Feuerwehrdienstvorschrift
GF	Gruppenführer
GRTW	Großraum-Rettungswagen
GUV-R	Regel der Gesetzlichen Unfallversicherung
GUV-V	Vorschrift der Gesetzlichen Unfallversicherung
GW-San	Gerätewagen Sanitätsdienst
H	Helfer
KF	Kraftfahrer
Kfz	Kraftfahrzeug
KTW	Krankentransportwagen
KTW A	Krankentransportwagen Typ A nach DIN EN 1789:2010-11
KTW B	Krankentransportwagen Typ B nach DIN EN 1789:2010-11
LNA	Leitender Notarzt
MANV	Massenanfall von Verletzten und Erkrankten
MKW	Mannschaftskraftwagen

MTF	Medizinische Task Force, Großverband einer Sanitätseinheit
NAW	Notarztwagen
OrgL RD	Organisatorischer Leiter Rettungsdienst
P	Polizei
PSA	Persönliche Schutzausrüstung
RD	Rettungsdienst
RLST	Rettungsleitstelle
RM	Rettungsmittel
RTW	Rettungswagen
SEG	Schnelleinsatzgruppe
SKK	Ständige Konferenz für Katastrophenvorsorge und Bevölkerungsschutz (bis Januar 2011 existent)
TRBA	Technische Regel für Biologische Arbeitsstoffe
UVV	Unfallverhütungsvorschriften
WLF	Wechselladerfahrzeug

Vorwort

Das SEGmente-Heft 5 steht seit seinem ersten Erscheinen im Jahre 2000 ganz im Zeichen des strukturierten Wirkens von SEG'en und Sanitätsgruppen im Einsatz zur Versorgung verletzter und erkrankter Betroffener beim Massenanfall Verletzter (MANV). Mit diesem Band gelang es erstmals, und in Anlehnung an Dienstvorschriften der Feuerwehren auch im Sanitätsdienst, am Beispiel des Aufbaus einer Behandlungsstelle Führungskräften und Helfern Arbeitsweisen einer taktischen Einheit in Gruppengröße zu beschreiben. Vom Aufbau und der Organisation einer Sanitätsgruppe, der Beschreibung von abgestimmten Arbeitsabläufen der Gruppenfunktionen, der räumlichen Darstellung von Einsatzstelle und Behandlungsstelle bis hin zu Anweisungen zur Einbindung in die Einsatzstelle sind die Inhalte des Heftes eine etablierte Ausbildungsgrundlage für Einsatz- und Führungskräfte geworden.

In der 2. Auflage 2002 wurden zusätzlich Tätigkeitsbeschreibungen für Helfer aufgenommen. Hierbei wurden vor allem das jeweilige Aufgabenfeld, qualifikatorische und auch persönlich-körperliche Eignungsfaktoren fokussiert, um sowohl Einheitsführern wie auch Einsatzkräften Möglichkeiten zur Entwicklung innerhalb der Einheit aufzuzeigen. Als weitere Ergänzung wurde 2002 ein Kapitel zu Qualitäten in der SEG-Arbeit zugefügt, in dem Struktur-, Produkt- und Prozessqualität im Zusammenhang mit der effizienten Zielerreichung im Leistungsfeld der Sanitätseinheit thematisiert werden.

Blickt man auf die vergangenen dreizehn Jahre zurück, muss man feststellen, dass sich das Arbeitsfeld des Sanitätsdienstes – als Gesamtbegriff für die präklinische medizinische Versorgung – verändert hat. Viel deutlicher als früher unterscheiden sich die Profile der präventiven Anforderungen und Leistungen in medizinischen Absicherungen von Veranstaltungen aller Dimensionen einerseits und die der präklinischen medizinischen Notfallversorgung von erkrankten oder verletzten Personen durch Rettungsdienst, Katastrophenschutz und Katastrophenhilfe in Einsatzlagen jeglicher Dimension andererseits. Obwohl für beide Leistungsfelder gleichsam der Fortschritt und die Optimierung der medizinischen Versorgung Betroffener im Mittelpunkt stehen, so sind doch Anlässe, Arbeitsumfeld, Rahmenbedingungen und Abläufe unterschiedlich.

Die Unterschiede werden in dieser vollständig überarbeiteten und neu gestalteten Auflage von SEGmente 5 aufgegriffen und erklärt. Nach wie vor ist die »Arbeit einer Sanitätsgruppe als taktische Einheit in der Gefahrenabwehr« ein inhaltlicher Schwerpunkt. Darüber hinaus bildet der Sanitätswachdienst bei Veranstaltungen die zweite Säule des Buches, in dem Muster-Arbeitsanweisungen, Ablaufbeschreibungen, Strukturpläne oder Checklisten eine neue eingängige Ausbildungs- und Arbeitsgrundlage bilden. Überdies dient der Band allen anderen Beteiligten im Arbeitsumfeld des Sanitätsdienstes als Information, um ihn als einen kompetenten Aktionspartner in Gefahrenabwehr und Dienstleistung einschätzen zu können.

Kein Wunder also, dass ein neuer Titel dieses breite Spektrum beschreibt: Arbeitsweisen einer Sanitätsgruppe im Einsatz- und Veranstaltungsdienst.

Jürgen Schreiber
Affinghausen/Bremen, im Juli 2015

1 Strukturelle Aspekte der Gruppe im Sanitätsdienst

Strukturierende Elemente geben einer Gruppe im Sanitätsdienst das funktionelle Gerüst zur Durchführung von Tätigkeiten in den für sie definierten Handlungsfeldern. Die Herausforderung ist – dem Aufgabenprofil entsprechend –, die Personalstärke und die Fähigkeiten sowie die materielle und technische Ausstattung zu einem belastbaren System zusammenzuführen.

1.1 Aufgabenprofil einer Sanitätsgruppe

Eine Sanitätsgruppe gilt als eine Kapazität in der präventiven und reaktiven notfallmedizinischen Versorgung der Bevölkerung und ist damit sowohl integraler Bestandteil der Notfallvorsorge als auch des gesundheitlichen Bevölkerungsschutzes. Sanitätsgruppen sind in der Trägerschaft den Hilfsorganisationen, einem Katastrophenschutzträger der Kommunen oder Länder, im Rahmen der Katastrophenhilfe dem Bund und selten einem Privatunternehmen zugeordnet. Neben der zivilen Ausrichtung bestehen Sanitätsgruppen auch in der militärischen und polizeilichen Gefahrenabwehr. Hierauf soll in diesem Heft nicht weiter eingegangen werden, wenngleich grundsätzliche Aspekte ebenso zutreffen können.

Das Aufgabenprofil von Sanitätsgruppen umfasst zwei grundsätzliche Tätigkeitsfelder: den Sanitätswachdienst auf Veranstaltungen und den Einsatz in der Gefahrenabwehr.

1.1.1 Sanitätswachdienst auf Veranstaltungen

Ein eher privatrechtliches Tätigkeitsfeld ist die präventive medizinische Versorgung von Besuchern und Beteiligten bei Veranstaltungen als Bestandteil einer vorbeugenden Sicherheitskonzeption zum Zwecke einer Risikominimierung für alle Beteiligten. Ab einer bestimmten Größe einer Veranstaltung oder der damit verbundenen Risiken für Besucher oder die Öffentlichkeit werden von den zuständigen Behörden Sicherheitsauflagen im Rahmen eines Genehmigungsverfahrens für entsprechende Veranstaltungen festgelegt, die auch die Dimensionen des Sanitätswachdienstes beschreiben. Folglich schließen die Veranstalter einen privatrechtlichen Vertrag mit Sanitätsdienstorganisationen über die Durchführung dieses Dienstes.

Der nachfolgenden Grafik (Abb. 1) ist zu entnehmen, dass sich die Veranstaltung lediglich organisatorisch von der Öffentlichkeit mit ihrem alltäglichen Sicherheitsniveau abgrenzt. Gefahren für Leib, Leben, Gesundheit, Sachwerte oder Umwelt finden selbstverständlich keinen Raum, denn dann wäre eine Veranstaltung aufgrund ihrer Gefahren für die öffentliche Sicherheit und Ordnung nicht durchführbar. Sicherheitsrisiken werden mit konzipiertem Aufwand von Sicherheitswachdienst, Brandsicherheitswache und eben dem Sanitätswachdienst kompensiert. Solange neben medizinischen Versorgungsfällen keine anderen Notfälle eintreten, bewegen sich die Kräfte der Sanitätsgruppe in einem sicheren Umfeld. Selbstverständlich leisten die Sicherheitsdienste einer Veranstaltung bei Notfällen mit Gefahrenlage bestmögliche Hilfe bis zum Eintreffen der Kräfte der Gefahrenabwehr.

Die medizinische Versorgung von Betroffenen auf Veranstaltungen kann auf drei möglichen Wegen durchgeführt werden. Beim ersten Weg kommt ein Betroffener selbst an die hierfür bereits zum Dienstantritt vorbereiteten Stellen (im Weiteren »Behandlungsstelle« genannt), um Hilfe zu erhalten. Eine zweite Möglichkeit ist, dass der Betroffene oder ein Meldender sich mit einem Hilfeersuchen an eine

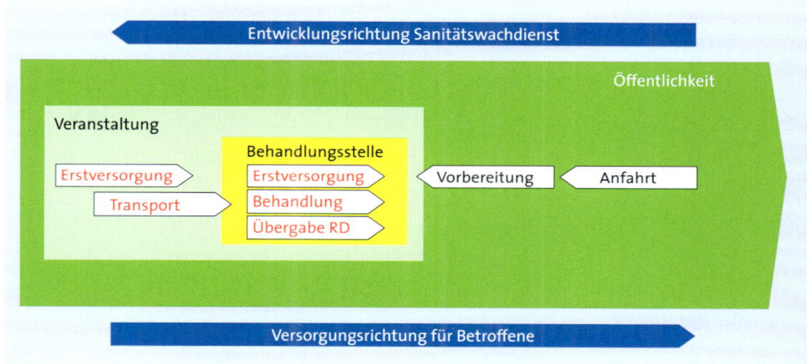

Abb. 1 ▶ Raumzonen und Tätigkeiten im Sicherheitswachdienst

Sanitätsstreife wendet, die sich auf dem Veranstaltungsgelände bewegt und jetzt Hilfe leistet. Im dritten Fall geht auf der Behandlungsstelle ein Hilfeersuchen ein, woraufhin der Sanitätsdienst Kräfte zur Hilfeleistung an einen gemeldeten Versorgungsort entsendet. Im Rahmen der notfallmedizinischen Behandlung führt ein Sanitätswachdienst oftmals nur eine »First Response« bis zum Eintreffen des Rettungsdienstes durch. Situativ oder bei Großveranstaltungen können andere Verfahren mit dem Rettungsdienst vereinbart sein.

Die Leitung eines Sanitätsdienstes obliegt dem Gruppenführer bzw. ist ein Dienst auf kleineren Veranstaltungen mit mindestens zwei Sanitätskräften zu besetzen, wobei die Dienstleitung einer erfahrenen Sanitätskraft zu übertragen ist. Bei Großveranstaltungen kann der Sanitätswachdienst so groß dimensioniert sein, dass eine Sanitätsgruppe nur ein Bestandteil ist. Hier sind Dienstleitung und Einheitsführung aufeinander abzustimmen. Häufig wird die Leitung eines so großen Sanitätswachdienstes gemäß der DV 100 »Führung und Leitung im Einsatz« durchgeführt.

1.1.2 Einsatzdienst in der Gefahrenabwehr

Die notfallmedizinische präklinische Versorgung von Betroffenen und der qualifizierte Krankentransport sind Kernaufgaben des Rettungsdienstes im Rahmen der kommunalen Gefahrenabwehr neben der Feuerwehr und der Polizei. Rettungsdienst und Sanitätsdienst sind damit Bestandteile des gesundheitlichen Bevölkerungsschutzes. Der Sanitätsdienst unterstützt den Rettungsdienst bei der Durchführung dieser Aufgabe, wenn Einsätze oberhalb des Maßes der täglichen Gefahrenabwehr zu leisten sind. Sanitätsgruppen werden als SEG'en im Rahmen dieses Tätigkeitsfeldes als eigenständige taktische Einheit eingesetzt. Sie unterstützen dann den Rettungsdienst kapazitativ oder mit einer zuvor konzeptionell definierten Aufgabe im Rahmen der kommunalen Planung zur Bewältigung eines MANV.

Im Rahmen des Katastrophenschutzes der Länder werden Sanitätsgruppen als Bestandteile von Einsatzeinheiten als Komponenten für die medizinische Notfallversorgung eingesetzt. Diese Einsatzeinheiten können reine Sanitätseinheiten oder auch aus mehreren fachdienstlich orientierten Modulen bestehen (z.B. Sanitätsdienst, Betreuungsdienst, Technik). Auch im Rahmen der Katastrophenhilfe des Bundes im Zivilschutz finden sich seit jeher Einheiten des Sanitätsdienstes, die zukünftig auch in den neu aufzustellenden Medizinischen Task Forces (MTF) Bestand haben.

Der Einsatz in der Gefahrenabwehr durch Rettungsdienst, Feuerwehr, Polizei oder Einheiten des Katastrophenschutzes und damit einer Sanitätsgruppe erfolgt aufgrund einer Gefahrensituation und der daraus resultierenden Gefährdungen und Schäden. Dementsprechend ist die Einsatzstelle räumlich in einen Gefahrenbereich, eine Übergangszone und einen Absperrbereich gegliedert. Diese Raumaufteilung ist – systemisch betrachtet – bei jedem

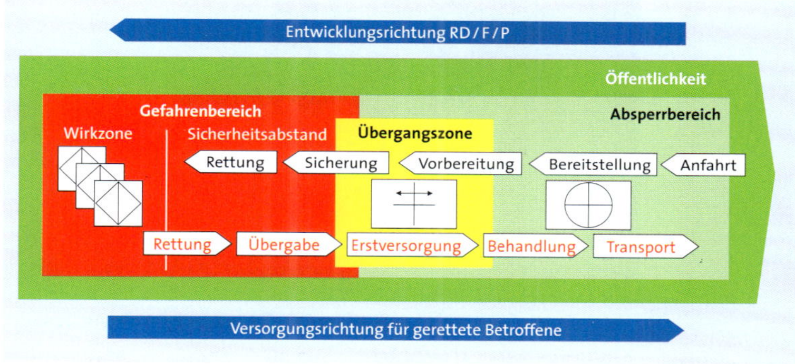

Abb. 2 ▶ Raumzonen und Tätigkeiten im Einsatz der Gefahrenabwehr

Einsatz in der Gefahrenabwehr gegeben und entspricht im weitesten Sinne der FwDV 500 »Einheiten im ABC-Einsatz« und der »Richtlinie für Rettungs-, Sanitäts- und Betreuungsaufgaben im CBRN-Einsatz« der SKK-DV 500.

Die Wahrscheinlichkeit ist sehr groß, dass aufgrund der im Gefahrenbereich herrschenden Risiken besondere Maßnahmen zur Sicherung vorgehender Einsatzkräfte erforderlich werden. Der Gefahrenbereich umfasst sowohl die Wirkzone, in der die Wirkung der vorherrschenden Gefahren zu vermuten oder nachweisbar ist, als auch einen erforderlichen Sicherheitsabstand. Dieser wird notwendig, um sicherzustellen, dass auch bei einer spontanen Situationsänderung innerhalb des Gefahrenbereiches eine Gefährdung von ungeschützten Personen (Betroffene und Einsatzkräfte) ausgeschlossen ist. Häufig können Rettungs- und Sanitätsdienst aufgrund der Eigengefährdung nicht im Gefahrenbereich tätig werden. Dann übernehmen sie die von der Feuerwehr geretteten Betroffenen in der Übergangszone auf einer Behandlungsstelle – der Patientenablage. Durch eine Priorisierung und eine erste medizinische Versorgung werden die Betroffenen entweder direkt von hier aus in

Abb. 3 ▶ Geretteter wird von der Feuerwehr aus dem Gefahrenbereich gebracht.

Krankenhäuser transportiert oder zunächst zu einer weiteren Behandlungsstelle im Absperrbereich des Einsatzortes – dem Behandlungsplatz – gebracht, wo die angemessene medizinische Versorgung so lange durchgeführt wird, bis ein Transport ins Krankenhaus organisatorisch oder kapazitativ möglich ist.

1.2 Aufbau und Ausstattung einer Sanitätsgruppe

Nachdem zuvor Aspekte der Aufgabenstellung beleuchtet wurden, sind nun die Bedingungen zur Umsetzung der Aufgaben in zielführende Tätigkeiten zu definieren. Zunächst ist also die Frage zu beantworten, wie viel Personal mit welcher materiellen und technischen Ausstattung hierfür angemessen ist.

1.2.1 Personelle und materielle Ausstattungsvarianten

Die folgenden Beschreibungen gehen von der kleinstmöglichen Stärke einer Sanitätsgruppe aus, die als eigenstän-

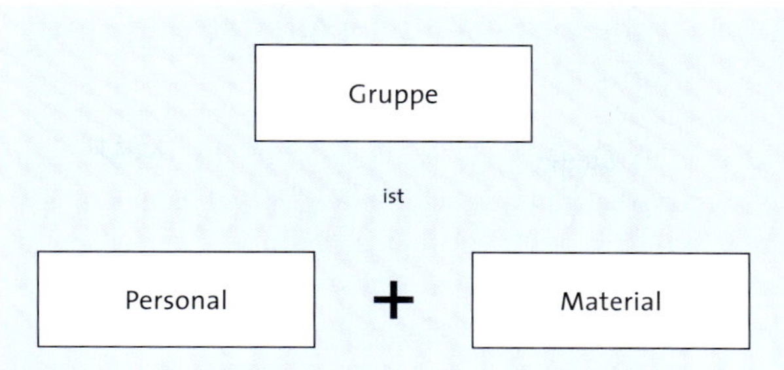

Abb. 4 ▶ Strukturelemente einer Sanitätsgruppe

dige taktische Einheit im Sanitätsdienst einsetzbar ist. Neben Personal in Truppfunktion für die medizinische Versorgung Betroffener und einem Kraftfahrer verfügt sie über die Funktion des Gruppenführers, der seine Gruppe repräsentiert, führt und Steuerungs- und Koordinationsaufgaben für die Durchführung aller im Auftrag stehenden Einzeltätigkeiten wahrnimmt. Selbstverständlich kann diese »Basiseinheit-Sanitätsgruppe« um Ergänzungstrupps, z.B. Fahrzeugbesatzungen von Krankentransportfahrzeugen, verstärkt werden. Das ist oft der Fall, jedoch nur bis zu einer Führungsspanne von maximal fünf Trupps sinnvoll, da ein Gruppenführer sonst in seiner Führungsaufgabe überfordert wird.

Das Personal einer Sanitätsgruppe besteht aus mindestens acht Funktionen:

- Gruppenführer 0/1/0
- Behandlungskomponente 0/0/5
- Transportkomponente 0/0/2

Summe: 0/1/7/8

Mögliche Ergänzung:

- Transportkomponente 0/0/2

Summe: 0/1/9/10

1.2.2 Fahrzeugtechnische Ausstattung einer Sanitätsgruppe

Für eine Sanitätsgruppe ist jeweils für die medizinische Versorgung Betroffener und für den Notfall- oder Krankentransport Betroffener je ein Einsatzfahrzeug verfügbar. Ein Fahrzeug dient immer dem Transport der Mannschaft und deren Arbeitsmittel und Einsatzgeräte. Die Beschaffenheit der Einsatzfahrzeuge für den Einsatzdienst ist im Regelfall normativ und wird den Einsatzorganisationen oftmals vom Träger des Rettungsdienstes, der Feuerwehren oder des Katastrophenschutzes zur Verfügung gestellt. Organisationseigene Fahrzeuge werden meistens für den Einsatzdienst angeschafft und ausgerüstet und entsprechen daher auch dessen Anforderungen.

Im Sanitätswachdienst ist es regelmäßige Praxis, Fahrzeuge und Ausstattungen des Einsatzdienstes einzusetzen. Es ist jedoch durchaus möglich, die Ausstattungen für Behandlungskomponenten in nicht-normierten Fahrzeugen mit Straßenzulassung zu verlasten. Diese Fahrzeuge sollten dann dem Bedarf angepasst sein, und die materielle Ausstattung sollte im jeweiligen Fahrzeug in Bestückungs-

Tab. 1 ▶ Mögliche Varianten der Fahrzeugausstattung für Sanitätsgruppen

Komponente	Sanitätswachdienst	Einsatzdienst
Behandlung	• GW-San (ATrKw) • MKW + Geräteanhänger • nicht-normierte Kfz	• GW-San (ATrKw) • MKW + Geräteanhänger • WLF mit AB-SAN/RETT
Transport	• KTW A, KTW B • RTW	• KTW A, KTW B • RTW, GRTW
Ergänzung	• KTW A, KTW B • RTW	• KTW A, KTW B, • RTW • Sonderfahrzeuge RD

Abb. 5a und 5b ▶ GW-San und KTW B, Ausstattungskomponenten der MTF des BBK

listen bekannt gemacht und ersichtlich sein. Mögliche Ausstattungsvarianten sind in TABELLE 1 aufgeführt, wobei deren einsatztaktischer Gleichwert als Mindestausstattung sicherzustellen ist.

1.2.3 Materielle Ausrüstung einer Sanitätsgruppe

Eine Sanitätsgruppe, die für den Einsatzdienst als Teileinheit oder als SEG aufgestellt wurde, verfügt im Regelfall über die normierte materielle Ausstattung, wie sie nach Ausstattungsnachweis für die überlassenen Einsatzfahrzeuge vorgesehen ist. Die Ausstattung kann je nach Einsatzorganisation, regionalen Bedingungen der Träger, nach Vorgaben des Katastrophenschutzes des jeweiligen Landes oder aufgrund der Ausstattung durch das BBK variieren. Für den Aufgabenbereich des Sanitätswachdienstes ist die Ausstattung sicher auch nutzbar, sie muss aber den Anforderungen an die medizinische Versorgung auf Veranstaltungen, vielleicht sogar dem entsprechenden Veranstaltungskonzept angepasst werden. Es empfiehlt sich auf jeden Fall, nicht nur die Behandlungsstelle auszustatten, sondern z.B. auch Notfallruck-

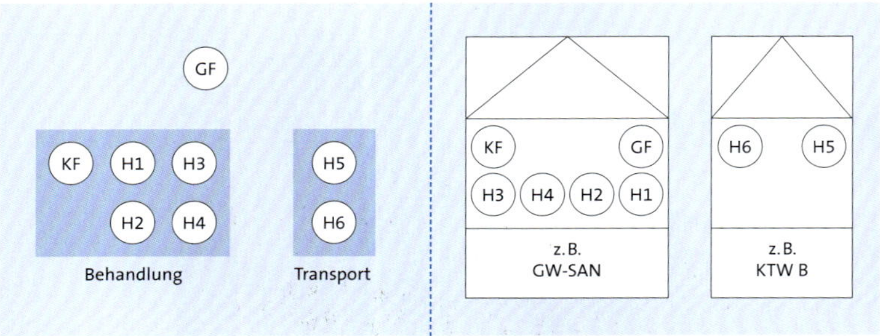

Abb. 6 ▶ Darstellung der kleinstmöglichen Sanitätsgruppe angetreten und aufgesessen

säcke und Versorgungsmaterial für Sanitätsstreifen vorzusehen, Ruhezonen für Betroffene auszustatten, in ärztlicher Absprache medikamentöse Behandlungsmöglichkeiten und Material für einfache pflegerische Maßnahmen oder das Vorhandensein von Hygieneausstattung sicherzustellen.

1.2.4 Gruppenfunktionen und Sitzordnung auf den Einsatzfahrzeugen

Die Sitzordnung auf den Einsatzfahrzeugen der Sanitätsgruppe soll definieren, welche Funktion auf welchem Platz sitzt. Dies ermöglicht eine Vielzahl von Zuordnungen. So sind z.B. Aufgabenelemente, die im Rahmen von Einsatzregeln für Funktionen der Gruppe definiert sind, für Gruppenmitglieder transparent. Gruppenmitglieder erkennen schon beim Aufsitzen standardisierte Arbeitsabläufe, die mit ihrer Funktion verbunden sind, auch ohne besonderen Auftrag des Gruppenführers an ihrem Sitzplatz. Wichtig ist allein, dass die Mitglieder einer Sanitätsgruppe lernen, in diesen Funktionen zu denken und die standardisierten Inhalte aller Gruppenfunktionen zu kennen. So ist es möglich, dass alle Aktiven einer Sanitätsgruppe einen gleichen

Leistungsstand erreichen, obwohl die Sanitätsgruppe viel mehr Mitglieder als Funktionen hat. Andererseits ist auch schnell offenkundig, welche Aufgaben von anderen Funktionen übernommen werden müssen, wenn nicht alle besetzt sind. In Kapitel 2.1 dieses Buches ist das Arbeiten in Funktionen näher beschrieben. Nach dem Kommando »Aufsitzen« werden die Sitzplätze der Einsatzfahrzeuge besetzt. Wenn Sicherheitsgurte vorhanden sind, besteht Anschnallpflicht.

1.2.5 Persönliche Schutzausrüstung (PSA)

Grundsätzlich gelten auch im Sanitätsdienst die gesetzlichen Vorgaben zu Arbeitsschutz und -sicherheit und die zutreffenden Vorschriften der Unfallversicherungsträger. Danach müssen Gefährdungsbewertungen für alle Tätigkeiten durchgeführt werden, die im Rahmen eines Sanitätsdienstes anfallen können. Durch eine entsprechende Schutzkonzeption, die technische und/oder organisatorische Sicherheitsmaßnahmen enthält, werden Unfallrisiken ausgeschaltet oder zumindest minimiert. Aufgrund einer gewissen Umsetzungsproblematik für jede einzelne Tätigkeit können wiederkehrende gleichartige Handlungsabläufe in einer Gefährdungsbewertung zusammengefasst werden. Das Personal einer Sanitätsgruppe muss selbstverständlich im Rahmen der jährlich zu erfolgenden Sicherheitsunterweisung geschult werden. Demnach ist es auch erforderlich, die Mitglieder einer Sanitätsgruppe mit einer persönlich zugeordneten Schutzausstattung zu versorgen.

Häufig werden Sanitätsgruppen in beiden Aufgabenfeldern eingesetzt, sodass die Träger sinnvollerweise die Gruppen mit der PSA für den Einsatzdienst ausstatten, wenngleich die Gefährdungsanalyse für eine Veranstaltungsabsicherung eventuell ein geringeres Schutzniveau erfordert. Wenn eine Sanitätsgruppe für den Einsatzdienst in der

Gefahrenabwehr z.B. zur Ergänzung des Rettungsdienstes vorgesehen ist, gestaltet sich die PSA entsprechend aufwendiger als bei einer Veranstaltungssicherung. Bei Einsätzen in der Abwehr von Gefahren kann ein erhöhtes Unfallrisiko für die Helfer nicht ausgeschlossen werden. Dennoch muss an dieser Stelle deutlich hervorgehoben werden, dass Risiken für Leib und Leben der Einsatzkräfte im Sanitätsdienst nicht eingegangen werden dürfen. Das ist bei den Feuerwehren in Ausnahmefällen zur Menschenrettung unter bestimmten Bedingungen möglich, daher werden diese Einsatzkräfte ggf. auch unter besonderem Schutz aller anderen Kräfte und taktischer Maßnahmen im Gefahrenbereich eingesetzt.

Aufgrund des Fehlens eines universellen Schutzes gegen alle möglichen Unfallgefahren, kann neben einer Grundausstattung PSA situativ der Einsatz ganz unterschiedlicher zusätzlicher PSA erforderlich werden. Die Ausrüstung ist in ausreichender Anzahl zur Verfügung zu stellen. Kräfte einer Sanitätsgruppe sind vom Gruppenführer oder besser noch von der zuständigen Arbeitssicherheitsfachkraft über die jeweilige Gefährdungsanalyse, die Schutzkonzeption und den regelrechten Einsatz der PSA sowie zu den entsprechenden Dienstanweisungen zu unterweisen. Die Unterweisung ist zu protokollieren. Der Träger einer Sanitätsgruppe muss dafür Sorge tragen, dass die PSA jederzeit bestimmungsgemäß verwendet wird. Die Versicherten, also die Sanitätskräfte, haben die Pflicht, die ihnen zur Verfügung gestellte persönliche Ausrüstung regelrecht und pflichtgemäß zu benutzen. Alle hier gemachten Aussagen gelten für Einsatzgeschehen bei der praktischen Ausbildung, bei Übungen und im Regeldienst.

Die Mindestausstattung für eine rein medizinische Versorgung Betroffener in sicherem, ungefährdetem Umfeld besteht aus:

- Diensthose
- Diensthemd
- Infektionsschutzhandschuhen.

Die Mindestausstattung zum Umgang mit der fahrzeug- und gerätetechnischen Ausstattung der Sanitätsgruppe hingegen entspricht der PSA für den Einsatzdienst mit der Versorgung oder dem Transport von Notfallbetroffenen. Hier kann eine Persönlichen Schutzausrüstung (PSA) analog zu der des Rettungsdienstes empfohlen werden. Diese ist u.a. in der DGUV-R 105-003 »Benutzung von persönlichen Schutzausrüstungen im Rettungsdienst« (Ausgabe 2005, bisher GUV-R 2106) ausführlich beschrieben und geregelt. Diese DGUV-Regel erläutert §29 der UVV »Grundsätze der Prävention« (DGUV-Vorschrift 1, bisher GUV-V A1) und auch den Abschnitt 4.1.3 der GUV-R/TRBA 250 »Biologische Arbeitsstoffe im Gesundheitswesen und in der Wohlfahrtspflege« hinsichtlich geeigneter PSA. Dementsprechend ist folgende Mindest-PSA erforderlich:

- Einsatzjacke
- Einsatzhose
- Einsatzhelm mit Visier und Nackenschutz
- Schutzhandschuhe
- Sicherheitsschuhe.

In dem o.g. Regelwerk der DGUV-R 105-003 sind die hier genannten Elemente der PSA umfangreich und detailliert beschrieben. Dabei sind auch die entsprechenden Normierungen aufgeführt, deren Einhaltung bei einer Beschaffung zu berücksichtigen ist und ggf. mit Konformitätsbestätigungen der Hersteller belegt sein soll.

In besonderen Einsatzsituationen, wie z.B. dem Versorgungsfall einer oder mehrerer an einer meldepflichtigen Infektionskrankheit erkrankter Personen, ist Infektionsschutz-PSA anzulegen, wie sie vom jeweils zuständigen Amtsarzt vorgegeben wird. In Sanitätseinheiten mit spezifischem Einsatzwert, wie z.B. zur Versorgung CBRN-kontaminierter Betroffener, ist eine CBRN-Schutzausstattung erforderlich.

1.3 Qualifikation von Mitgliedern einer Sanitätsgruppe

Das verbindende Element von personellen und materiellen Ressourcen und somit ausschlaggebend für die Wirkung einer Gruppe im Sanitätsdienst ist die Qualifikation des Personals, fachlich, sachlich richtig und prozessoptimiert zu agieren. Daher sind nicht nur Einzeltätigkeiten, sondern auch das Zusammenwirken der Gruppenfunktionen in Handlungssträngen in die Beschreibung der erforderlichen Qualifikationsvoraussetzungen sowie in die Qualifikationsplanung und deren Umsetzung einzubeziehen.

1.3.1 Allgemeines

Im Sinne dieses SEGmente-Bandes umfasst der Begriff »Qualifikation« nicht nur die rein fachliche sanitätsdienstliche Ausbildung. Wenn eine Person in einer Sanitätsgruppe tätig werden will oder soll, muss sie darüber hinaus bestimmte Eigenschaften erfüllen:

Einerseits soll sie selbst durch einen Veranstaltungssicherungsdienst oder einen Einsatz in der Gefahrenabwehr keinen persönlichen Schaden, Motivationsverlust oder Überforderung erfahren. Zum anderen muss sie selbstverständlich in der Lage sein, sich in die Gruppe zu integrieren und ihren anerkannten Platz dort zu finden, um die gestellten Aufgaben im Einklang mit der Gruppe und der Sanitätsorganisation vollumfänglich und hochwertig erfüllen zu können.

Zum Schutz sehr junger Helfer in den Sanitätsorganisationen sollen nur Personen im Einsatzdienst eingesetzt werden, die mindestens 20 Jahre alt und aufgrund bereits erworbener Erfahrungen im Sanitätsdienst den physischen und psychischen Anforderungen eines MANV-Einsatzes gewachsen sind. Es sollte eine Gruppenstruktur angestrebt werden, in der mindestens vier Funktionen (Kraftfahrer und Truppführer) von dienst- oder einsatzerfahrenen Kräften besetzt werden, denn nur so gelingt es, junge Aktive anzuleiten und sie in ihre neuen Aufgaben einzuweisen.

Die nachfolgenden anzustrebenden Qualifikationsprofile (TAB. 2) sollen in einer Sanitätsgruppe dazu dienen, in einem Einsatz den hohen fachlichen Anforderungen gerecht zu werden. Wenn in den Sanitätsorganisationen eine Einsatz-Grundausbildung curricular in den Ausbildungsplänen der Sanitätsausbildung enthalten ist, muss diese nicht gesondert durchgeführt werden.

TAB. 2 ▶ Übersicht anzustrebender Qualifikationen im Sanitätsdienst

Funktion	Sanitätswachdienst	Einsatzdienst	SEG-Rettungsdienst
Gruppenführer GF	GF-Ausbildung Sanitätsausbildung	GF-Ausbildung Sanitätsausbildung Einsatz-Grundausbildung ABC-Grundausbildung	GF-Ausbildung OrgL-Ausbildung Rettungssanitäter
Kraftfahrer KF	Fahrzeug-spez. Führerschein Sanitätsausbildung	Fahrzeug-spez. Führerschein Sanitätsausbildung Einsatz-Grundausbildung ABC-Grundausbildung	
Truppführer TF	Rettungssanitäter/ Sanitätsausbildung	Rett-San / Rett-Helfer Einsatz-Grundausbildung ABC-Grundausbildung	Rettungsassistent / Notfallsanitäter
Truppmann TM	Sanitätsausbildung	Sanitätsausbildung Einsatz-Grundausbildung ABC-Grundausbildung	Rettungssanitäter/ Rettungsassistent
Praktikanten	Sanitäts-Grundausbildung	Sanitätsausbildung Einsatz-Grundausbildung	Rettungssanitäter

Seit einiger Zeit gibt es Bestrebungen, auch im Sanitätsdienst eine rettungsdienstliche Grundqualifikation, wie z.B. zum Rettungssanitäter, vorauszusetzen, um den Anforderungen der modernen präklinischen medizinischen Versorgung technisch und qualitativ auch bei Großeinsätzen oder Katastrophenlagen gerecht zu werden. Dies ist z.B. bei den Kräften der Medizinischen Task Force des Bundes für viele Einsatzfunktionen so vorgesehen. Ebenso wichtig ist die Vorbereitung der Einsatzkräfte auf Lagen mit der Freisetzung von chemischen, biologischen oder radiologischen Agenzien, da bei jedem Gefahrgutunfall das Risiko einer Sekundärschädigung durch Kontaminationsverschleppung gegeben ist. In der ABC-Grundausbildung lernen die Einsatzkräfte solche Gefahrenlagen zu erkennen, sich richtig zu verhalten und auch, wie z.B. eine ABC-Schutzausstattung richtig an- und abgelegt wird.

1.3.2 Fachliche Ausbildung

Die fachliche Ausbildung im Sanitätsdienst richtet sich in Deutschland nach den Ausbildungsregelwerken der Sanitätsorganisationen, Rettungsdienstschulen oder anderen Bildungsträger, die sich in ihrem Aufbau durchaus unterscheiden. Die Fachausbildung qualifiziert ein Mitglied einer Sanitätsgruppe zur Durchführung der Aufgaben im Sanitätsdienst. Oftmals ist die Fachausbildung in eine Einführung, eine Grundausbildung und in eine Abschlussausbildung gegliedert. Die Grundausbildung und die Abschlussausbildung schließen regelmäßig mit Prüfungen ab. Beinhaltet diese Fachdienstausbildung keine Inhalte zur Vorbereitung von Einsatzkräften auf den Einsatz in der Gefahrenabwehr, sollten diese in ergänzenden Lehrgängen vermittelt werden, bevor Absolventen der Fachdienstausbildung Gruppenfunktionen im Einsatzdienst besetzen dürfen.

Alternativ dazu können diese Inhalte auch Teil der Standortausbildung werden, wenn ein Standortausbilder oder der Gruppenführer hierfür qualifiziert ist.

1.3.3 Standortausbildung

Ausbildungsziel der Standortausbildung ist es, die Einsatzkräfte einer Sanitätsgruppe innerhalb der eigenen Einheit in ihre Aufgaben mit ihrer Ausstattung und ihrem örtlichen Bezug einzuführen und in der Durchführung von Einzeltätigkeiten und dem Zusammenwirken der Funktionen innerhalb der eigenen Einheit zu trainieren. Das geschieht dann im Rahmen von Übungsdiensten.

Wesentlich ist inhaltlich hierbei die Verknüpfung der Fachausbildung mit dem am Standort geregelten Dienst- und Einsatzbetrieb. Dazu gehören Ortsbegehungen und Einweisungstermine mit Veranstaltern genauso wie die Einweisung in Einsatzobjekte oder gemeinsame Einsatzübungen mit anderen Einheiten und Fachdiensten in der Gefahrenabwehr.

1.3.4 Fortbildungen

Pflichtfortbildungen zu Inhalten der medizinischen Versorgung, wie sie im Rettungsdienst geregelt sind, halten auch im Sanitätsdienst immer mehr Einzug. Dies ist als unumgänglich anzusehen, da selbstverständlich nicht nur einmal gelerntes Wissen, sondern auch geübte Praxis zum Erhalt einer Fähigkeit in der medizinischen Versorgung Betroffener zwingend erforderlich ist. Oftmals werden Sanitätsgruppen im Einsatzdienst eben nicht mehrfach im Jahr zu einem Einsatz gerufen und tätig, sodass von routinierter Einsatzpraxis nicht immer ausgegangen werden kann.

Als Bedarfsfortbildung bezeichnet man jede Fortbildungsmaßnahme, die aufgrund von Veränderungen in der Ausstattung einer Sanitätseinheit, in ihrer konzeptionellen Ausrichtung oder aufgrund von Veränderungen in ihren Regelwerken erfolgt.

Im Spektrum der Einsatztaktik sollte dabei auf jede Veränderung im Rahmen der Gesamtorganisation der präklinischen medizinischen Versorgung im jeweiligen Einsatzbereich reagiert werden, damit die Sanitätsgruppe bei Einsätzen, die das Maß der täglichen Gefahrenabwehr übersteigen, entsprechend ihrem Auftrag handlungsfähig bleibt. Oftmals führen Sanitätsorganisationen vor Ort Kräfte mehrerer Sanitätsgruppen, vielleicht sogar organisationsübergreifend zusammen, um Bedarfsfortbildungen durchzuführen. Häufig nehmen aber Sanitätskräfte auch an regional organisierten Fortbildungsangeboten anderer Einsatzorganisationen teil.

Abb. 7 ▶ Auch bei Übungen ist Arbeitssicherheit wichtig.

1.3.5 Durchführung von Übungen

Es werden zwei Arten von Übungen unterschieden: Einsatzübungen sind für Sanitätsgruppen dann nötig, wenn sie auch im Einsatzdienst tätig sind. Schulungsübungen sind bei allen Sanitätsgruppen erforderlich. Ziel von Übungen ist das Training von praktischen Tätigkeiten im Zusammenspiel aller Gruppenfunktionen. So können Ablaufkonzepte auf ihre Wirksamkeit geprüft oder gar auditiert werden und damit sowohl Prozess- als auch Produktqualität der Gruppenleistung evaluiert werden.

Oftmals legt der Gruppenführer oder ein Ausbildungsleiter die Inhalte der Übungen fest. Hierbei wird selbstverständlich Wert darauf gelegt, dass eine Sanitätsgruppe die gestellte Aufgabe auch innerhalb einer verfügbaren Zeit ableisten kann. Bei der Einsatzübung sollen die Gruppenmitglieder in Gruppenfunktionen arbeitend auf ihren Einsatz vorbereitet werden. Hier soll erprobt werden, wie schnell und sicher der Zugriff auf Verletzte oder Erkrankte sichergestellt werden kann. Dabei sind Eile, Stress und sicher auch Überraschungsmomente in das Übungsszenario einzubinden, damit standardisierte Handlungsabläufe in Automatismen übergehen können und die Einsatzkräfte lernen, auch in Stresssituationen angemessen, sicher und routiniert zu agieren. In der Übungsvorbereitung sind folgende Faktoren zu beachten:

- Übungsziel, Inhalt und Termin
- Teilnehmer, Fahrzeuge, Ausstattung
- Objekt, Lagedarstellung, Versorgung
- Verantwortung, Information, Dokumentation.

Selbstverständlich müssen auch in Übungen vollumfänglich alle sicherheitsrechtlichen Vorgaben und die Unfallverhütungsvorschriften eingehalten werden. Es ist sinnvoll, gerade bei Einsatzübungen Sicherheitsposten einzusetzen, wenn z.B. besondere körperliche Belastungen entstehen können oder in einem Übungsgelände gearbeitet wird.

2 Die Sanitätsgruppe im Einsatz in der Gefahrenabwehr

Wie bereits in KAPITEL 1.1 beschrieben, wird eine Gruppe im Sanitätsdienst in zwei wesentlichen Handlungsfeldern tätig. Der Einsatz in der Gefahrenabwehr ist das ursprüngliche Handlungsfeld des Sanitätsdienstes und leistet nach wie vor in der Sicherstellung der präklinischen medizinischen Notfallversorgung – gerade in groß dimensionierten Einsatzlagen – einen wesentlichen Beitrag. Um einen möglichst allgemeingültigen Überblick über Art, Inhalt, Umfang und Verfahren der Tätigkeiten und Abläufe der Gruppe im Sanitätseinsatz geben zu können, ist es sinnvoll, allgemeine Verhaltens- und Arbeitsweisen zu beschreiben. Werden darüber hinaus aufgrund der Bedingungen eines Einsatzes besondere Einsatzmaßnahmen mit ggf. besonderen Mitteln oder Verfahren erforderlich oder sind Abweichungen vom Allgemeinen sinnvoll, dann bedarf das immer einer Anpassung oder gar einer Spezialisierung. Alle möglichen Besonderheiten können hier nicht aufgeführt werden.

2.1 Gruppenfunktionen am Beispiel »Aufbau und Betrieb einer Behandlungsstelle«

Eine Sanitätsgruppe kann an Einsatzstellen der Gefahrenabwehr im Rahmen der medizinischen Versorgung Betroffener vielfältige Aufgaben übernehmen. R. Kersten hat in SEGmente 9 »Der Trupp im Sanitätsdienst« Aufgaben von Erstversorgungstrupp, Tragetrupp, Behandlungstrupp und Krankentransporttrupp beschrieben und »sonstige Trupp-Aufgaben« erläutert. An dieser Stelle sollen beispielhaft die Interaktion der Funktionen und die Koordinationsumfänge des Gruppenführers dargestellt werden.

In diesem SEGmente-Band wird vom normierten Begriff der »Patientenablage« abgewichen und eine »Behandlungsstelle« thematisiert. Damit soll die Gleichbedeutung dieser Stelle für den Einsatzdienst und den Sanitätswachdienst, der oft von einer »Unfallhilfsstelle«, »Versorgungsstelle«, »Ambulanz«, »Sanitätsstelle« oder »Erste-Hilfe-Station« spricht, betont werden.

Gruppenführer (GF)

Er leitet den Einsatz der Gruppe, er ist an keinen festen Ort gebunden. Er bindet sich in die Führungsstruktur der Einsatzstelle ein, führt den Einsatzauftrag der Einsatzleitung mit seiner Gruppe durch und stellt Kommunikation, Administration und Koordination mit anderen Leistungserbringern im medizinischen Einsatzabschnitt sicher. Aufgrund seiner Funktion sollte er mit einer regional üblichen Funktionskennzeichnung »Gruppenführer« für seine Ansprechpartner kenntlich gemacht sein. Beispiele solcher Kennzeichnungen sind Funktionswesten oder Schulterkoller.

Kraftfahrer (KF)

Er fährt das Fahrzeug der Behandlungskomponente und stellt es an der vorgegebenen Stelle gegen Verkehrsgefahren gesichert ab. Er stellt das erforderliche Material zur Entnahme aus dem Fahrzeug bereit und gibt es aus. Er übernimmt auf Anweisung besondere Aufgaben, z.B. die Erfassung Betroffener. Er verstaut zu Einsatzende das entnommene Material und meldet dem Gruppenführer dessen Vollzähligkeit und die Fähigkeit des Fahrzeuges. Zurückgekehrt am Standort stellt er die Einsatzfähigkeit des Fahrzeuges wieder her, meldet dem Gruppenführer Mängel und führt das Fahrtenbuch.

Helfer 1 / Truppführer I (H1)

Er führt die vom Gruppenführer angeordneten Aufgaben zum Aufbau der Behandlungsstelle aus und koordiniert bei Bedarf den Zeltaufbau. Er richtet den Behandlungsort für liegende Verletzte/Erkrankte mit Tragen, Decken und Versorgungsmaterial für die Behandlung von Atemstörungen ein. Er versorgt auf Weisung eines Notarztes Verletzte/Erkrankte und vervollständigt deren Registrierungsunterlagen. Zu Einsatzende nimmt er das von ihm bereitgestellte Gerät zurück und koordiniert bei Bedarf den Zeltabbau. Er separiert Abfälle und Reststoffe und sorgt für deren fachgerechte Entsorgung. Er stellt am Standort die Einsatzfähigkeit des Materials vom Fahrzeug der Behandlungskomponente wieder her und meldet dem Gruppenführer Mängel.

Helfer 2 / Truppmann I (H2)

Er führt die vom Gruppenführer angeordneten Aufgaben zum Aufbau der Behandlungsstelle aus und baut bei Bedarf das Zelt mit auf. Er richtet den Behandlungsplatz für liegende Verletzte/Erkrankte mit Versorgungsmaterial für Kreislauf- und Wundversorgung sowie allgemeinen Materialien ein. Er versorgt auf Weisung des Notarztes Verletzte/Erkrankte und vervollständigt deren Registrierungsunterlagen. Am Einsatzende nimmt er das von ihm bereitgestellte Gerät zurück und baut das Zelt mit ab. Er separiert kontaminiertes Material an der Einsatzstelle und führt am Standort die fachgerechte Reinigung und Desinfektion durch. Mängel meldet er dem Gruppenführer. Er unterstützt Helfer 1 bei der Durchführung seiner Aufgaben bis zum Einsatzende.

Helfer 3 / Truppführer II (H3)

Er führt die vom Gruppenführer angeordneten Aufgaben zum Aufbau der Behandlungsstelle aus. Er entnimmt mit Helfer 4 bei Bedarf das Zelt aus dem Fahrzeug und baut es mit auf. Er unterstützt Helfer 1 bei der Einrichtung der Behandlungsstelle. Er versorgt auf Weisung des Notarztes Verletzte/Erkrankte und vervollständigt deren Registrierungsunterlagen. Er führt auf Weisung des Gruppenführers die Registrierung der Verletzten, Erkrankten und Betroffenen durch und hilft dem Gruppenführer bei der Einsatzdokumentation. Er überprüft im Einsatzablauf den Materialbedarf der Behandlungsstelle und meldet dem Gruppenführer Defizite. Am Einsatzende nimmt er das von ihm bereitgestellte Gerät zurück und baut das Zelt mit ab.

Helfer 4 / Truppmann II (H4)

Er führt die vom Gruppenführer angeordneten Aufgaben zum Aufbau der Behandlungsstelle aus. Er entnimmt mit Helfer 3 bei Bedarf das Zelt aus dem Fahrzeug und baut es mit auf. Er unterstützt gemeinsam mit Helfer 3 bei der Einrichtung der Behandlungsstelle. Er versorgt auf Weisung des Notarztes Verletzte/Erkrankte und vervollständigt deren Registrierungsunterlagen. Er unterstützt Helfer 3 bei seinen Aufgaben. Am Einsatzende nimmt er das von ihm bereitgestellte Gerät zurück und baut das Zelt mit ab. Er unterstützt Helfer 3 bei dessen Aufgaben bis zum Einsatzende.

Helfer 5 / Truppführer III (H5) (KTW/RTW)

Er führt die vom Gruppenführer angeordneten Aufgaben zur ersten medizinischen Versorgung oder zum Aufbau der Behandlungsstelle aus und baut bei Bedarf das Zelt mit auf.

Er richtet mit bereitgestelltem Material der Einsatzfahrzeuge den Behandlungsort für Schwerverletzte ein. Er versorgt auf Weisung des Notarztes Verletzte/Erkrankte und assistiert dem Notarzt bei dessen Behandlung. Am Einsatzende nimmt er das von ihm bereitgestellte Gerät zurück und baut bei Bedarf das Zelt mit ab. Er stellt nach Einsatzende die Einsatzbereitschaft des RTW/KTW wieder her und meldet Mängel dem Gruppenführer. Auf besondere Weisung des Gruppenführers führt er als Teamführer seines Fahrzeuges Kranken- oder Notfalltransporte durch oder unterstellt sich dem Leiter des Krankenwagenhalteplatzes.

Helfer 6 / Truppmann III (H6) (KTW/RTW)

Er fährt das Einsatzfahrzeug der Transportkomponente und stellt es an der vorgegebenen Stelle gegen Verkehrsgefahren gesichert ab. Er führt die vom Gruppenführer angeordneten Aufgaben zum Aufbau der Behandlungsstelle aus und baut bei Bedarf das Zelt mit auf. Er unterstützt Helfer 5 (Teamführer RM) bei seinen Aufgaben. Er versorgt auf Weisung des Notarztes Verletzte/Erkrankte und assistiert dem Notarzt bei der Behandlung. Am Einsatzende nimmt er das von ihm bereitgestellte Gerät zurück und baut bei Bedarf das Zelt mit ab. Er stellt am Standort die Einsatzfähigkeit des Fahrzeuges wieder her, meldet Mängel dem Gruppenführer und führt das Fahrtenbuch. Auf besondere Weisung des Gruppenführers fährt er das Fahrzeug bei Transporten von Verletzten/Erkrankten oder lässt sich einen Bereitstellungsplatz am Krankenwagenhalteplatz zuweisen.

2.2 Einsatzaufnahme als ersteintreffende Einheit

Die Besonderheit der Einsatzaufnahme als ersteintreffende Einheit besteht darin, dass erstmals seit Ereigniseintritt eine professionelle, weitestgehend objektive Lagebewertung vor Ort durchgeführt werden kann, um daraus die erforderlichen Maßnahmen zur Gefahrenabwehr ableiten zu können. Diese Führungsaufgabe ist in der Dienstvorschrift 100 »Führung und Leitung im Einsatz« beschrieben und als FwDV 100 in allen Bundesländern als Regelwerk eingeführt. Selbstverständlich ist der gesamte Einsatzablauf nach diesem Regelwerk zu führen, dennoch ist die Herausforderung für den ersteintreffenden Einheits- oder Fahrzeugführer und seine Einheit oder Fahrzeugbesatzung sehr groß, weil sie mit initialen Maßnahmen und Rückmeldungen wesentlich den reibungslosen Einsatzablauf steuern.

2.2.1 Allgemeines

Das Verhalten von Einsatzkräften im Einsatz in der Gefahrenabwehr folgt immer wiederkehrenden, grundsätzlichen Handlungsmustern, die im Wesentlichen der Eigensicherung vor Gefahren und dem bestmöglichem Erfüllen des Einsatzauftrages an der Einsatzstelle dienen. Diese Handlungsmuster dienen also der Einsatzablauforganisation wie Raum-, Personal- und Zeitordnung und sollen die ausgedehnten Einsatzstellen absichern. Einsatzstellen von erheblicher räumlicher Dimension, mit besonderem Gefahrenspektrum oder aufwendigen Maßnahmen zur Lagebewältigung sind darüber hinaus von so unterschiedlichen Rahmenbedingungen geprägt, dass jeweils spezifische Verhaltensmuster zum Einbinden an der Einsatzstelle zugeordnet werden müssen.

Auf der Anfahrt zur Einsatzstelle sind Informationen zur Lage vor Ort nur in sehr begrenztem Maße verfügbar. Sie basieren zumeist auf subjektiven, laienhaften Wahrnehmungen der Personen, die den Notruf getätigt haben, und den daraus resultierenden Interpretationen des Leitstellenpersonals. Das bedeutet, dass bisher keine gezielte Lagefeststellung, keine Gefahrenbewertung und keine Priorisierung von Einsatzmaßnahmen erfolgt ist. Folglich müssen Einsatzfahrzeuge und Einsatzkräfte zunächst im sicheren Abstand zur Einsatzstelle verweilen, bis der Gruppenführer oder der Fahrzeugführer eines Einzelfahrzeuges in der Phase des »Ersten Augenscheins« diese Aufgaben im Rahmen seines Führungsvorganges abgearbeitet hat. Nur wenn diese Voraussetzung erfüllt ist, sind Gefahren erkannt und Schutzmaßnahmen soweit definiert, dass ein verantwortungsvolles Vorgehen möglich ist.

Bei Annäherung an die Einsatzstelle geben Gruppenführer den Anhaltepunkt an. Dabei sollte ein Mindestabstand zur Einsatzstelle von 50 m eingehalten werden. Selbstverständlich ist zu beachten, dass größtmögliche Sicherheit für alle Fahrzeuginsassen mit bestmöglicher Absicherung der Einsatzstelle verknüpft wird. Nach dem Anhalten verlässt der Gruppenführer das Fahrzeug und erkundet. Wenn das Verweilen auf den Fahrzeugen größtmöglichen Schutz für Einsatzkräfte bietet oder die Wahrscheinlichkeit groß ist, dass die Einsatzfahrzeuge in kürzester Zeit noch einmal umgesetzt werden müssen, bleiben die Kräfte aufgesessen. Wenn der Aufstellort der Fahrzeuge erreicht ist oder z. B. aufgrund des Straßenverkehrs größtmöglicher Schutz der Einsatzkräfte gegeben ist, wenn sie das Fahrzeug verlassen, sitzen sie ab und treten auf der dem Verkehr abgewandten Seite vor, hinter oder zwischen den Fahrzeugen der Einheit mit angelegter PSA truppweise an. Wenn »Absitzen« angeordnet ist, sollen Kraftfahrer zusätzlich zu Blaulicht und Warnblinkanlage mit Warnleuchten und Warndreieck den Anhaltepunkt absichern. Selbstverständlich ist es dem Gruppenführer überlassen, noch vor seiner Erkundung den Einsatzkräften am Anhaltepunkt erste Befehle zu geben, wenn er das Erfordernis hierzu bereits jetzt sieht.

2.2.2 Antreten am Fahrzeug als grundlegende Arbeitsweise zum Einsatzbeginn

Durch das Antreten an den Fahrzeugen sind alle Voraussetzungen dafür gegeben, dass der Gruppenführer seine Einheit in die derzeitige Lage an der Einsatzstelle einweist und somit alle Einsatzkräfte über die für sie wichtigen Informationen verfügen.

Wesentliche Elemente der Lagebeschreibung sind die Gefahrensituation selbst und die gesetzten Maßnahmenschwerpunkte. Daraufhin kann der Einheitsführer die Maßnahmen, zu denen er sich im Rahmen seines Führungsvorganges entschlossen hat, durch die direkte Ansprache der angetretenen Trupps (Einheit) beauftragen (Auftrag).

Abb. 8 ▶ Gruppe angetreten

Er kann so jedem Trupp die für seinen Auftrag erforderlichen Einsatzmittel zuweisen (Mittel) und Inhalt und Ort der Auftragsumsetzung (Ziel und Weg) klar formulieren. Eine Erweiterung des Befehlsinhaltes mit Informationen zu Erreichbarkeiten oder der Versorgung ist möglich.

Der Einsatzbefehl schließt immer mit dem Wort »Vor«, wenn der Auftrag unverzüglich und direkt gegen herrschende Gefahren umzusetzen ist. Beauftragte Trupps haben jetzt kurz die Möglichkeit, wichtige Verständnisfragen zu stellen, und beginnen nach Bestätigung sofort mit der Umsetzung. Ein Befehl, der mit den Worten »zum Einsatz fertig« abgeschlossen wird, schafft durch den Auftragsinhalt erst Voraussetzungen, um Gefahren direkt zu bekämpfen. Das ist z. B. dann gegeben, wenn eine Patientenablage zur Aufnahme von kranken oder verletzten Betroffenen vorbereitet werden muss.

2.3 Einsatzaufnahme als nachrückende Einheit

Anders als im Ersteinsatz sind bereits andere Einsatzkräfte und Einheiten an der Einsatzstelle eingetroffen. Es ist davon auszugehen, dass sich bereits eine Einsatzleitung etabliert hat oder ein Einsatzleiter an der Einsatzstelle tätig ist. Jede nachrückende Einheit hat also die Aufgabe, sich in die bestehenden Einsatzstellenstrukturen einzubinden, sie zu ergänzen und dort zu unterstützen, wo es der Einsatzleiter in seiner Einsatzplanung vorgesehen hat.

Das bedeutet für eine nachrückende Einheit folgende Beispiele unterschiedlicher Einsatzverwendungen:

- direkte Übernahme von Einsatzaufgaben im Gefahrenbereich/in der Übergangszone
- direkte erste Übernahme von Einsatzaufgaben im Absperrbereich der Einsatzstelle

- direkte Übernahme von Patiententransporten in ein Krankenhaus
- Unterstützung/Ablösung von bereits für die Gefahrenabwehr eingesetzten Kräften
- Sicherung/Versorgung für eingesetzte Kräfte im Gefahrenbereich/in der Übergangszone
- Sicherung/Versorgung für alle Einsatzkräfte der Einsatzstelle
- Bereitstellung für bevorstehende, noch nicht erforderliche, absehbare Aufgaben
- Einsatzaufgaben, jedoch abgesetzt von der eigentlichen Einsatzstelle.

Aufgrund der unterschiedlichen Verwendungsmöglichkeiten ist es verständlich, dass eine nachrückende Einheit eben nicht direkt bei ihrem Eintreffen am Einsatzort an die Einsatzstelle vorrücken darf. Schon auf der Anfahrt wird dem Gruppenführer häufig über Funk ein Anhaltepunkt oder ein Bereitstellungsraum zugewiesen. Die zuvor in Kapitel 2.1 beschriebenen Handlungsweisen gelten selbstverständlich auch hier.

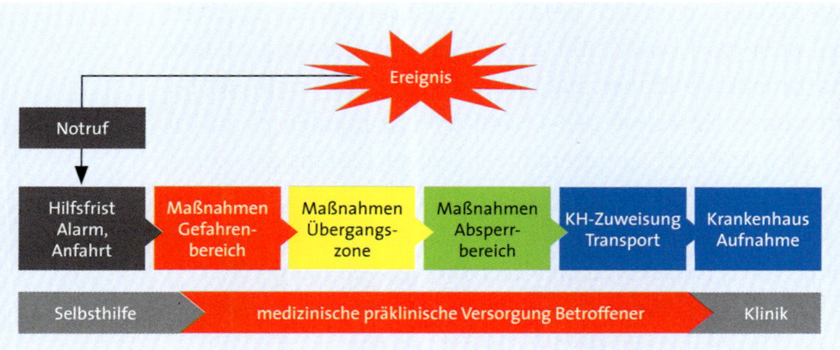

Abb. 9 ▶ Prozesskette der präklinischen medizinischen Versorgung bei Einsätzen

2.3.1 Anmeldung bei der Einsatzleitung

Jede nachrückende Einheit ist verpflichtet, sich bei der Einsatzleitung anzumelden. Am Bereitstellungsraum oder Anhaltepunkt angekommen, verbleiben die Einsatzkräfte in ihren Einsatzfahrzeugen, die zunächst im Zufahrtsbereich ohne Verkehrsbehinderung für andere Einsatzfahrzeuge und mit entsprechender Verkehrssicherung meistens am Fahrbahnrand anhalten. Der Gruppenführer meldet sich entweder über Funk oder persönlich bei der von der Einsatzleitung hierfür vorgesehenen Stelle, lässt sich in die Lage einweisen und erhält dort einen Einsatzbefehl für seine Sanitätsgruppe, der alle erforderlichen weiteren Handlungen für die Einheit vorgibt.

Geht die Einheit nicht direkt in den Einsatz, sondern wird ein Bereitstellungsraum zugewiesen, an dem die Einheit sich für einen weiteren Einsatzauftrag bereithalten soll, entscheidet der Gruppenführer darüber, ob abgesessen oder auf den Fahrzeugen gewartet wird.

2.3.2 Handeln nur mit Anweisung

Keinesfalls verlassen Einsatzkräfte ohne Erlaubnis des Einheitsführers das Fahrzeug oder die Einheit. Nur so kann die ständige Verfügbarkeit der Einheit an der Einsatzstelle sichergestellt werden. Es ist nicht tolerabel, dass nach einem Folgebefehl auf einzelne Einsatzkräfte gewartet werden muss oder der Befehl nicht unverzüglich in Einsatzhandlungen umgesetzt wird. Wenn dem eingetroffenen Einheitsführer von der Einsatzleitung die Wahl eines Bereitstellungsraumes überlassen wird, sollte er unbedingt darauf achten, dass seine Kräfte nicht die Einsatzmaßnahmen anderer, bereits eingesetzter Kräfte mitverfolgen können. Diese Eindrücke und Wahrnehmungen belasten die Mannschaft unnötig und verhindern, dass sie sich ausruhen kann. Die Gefahr ist, dass Kräfte bereits belastet in den Einsatz gehen und dann nicht ihre volle Einsatzfähigkeit entfalten können.

2.4 Einsatzaufnahme im überörtlichen Einsatz

Aufbauend auf den bisher genannten Grundlagen ist bei einem überörtlichen Einsatz von einer besonderen Einsatzdimension auszugehen. Einerseits sind die Schadenslage und die Menge der Maßnahmen zur Gefahrenabwehr so groß, dass die Bewältigung der Lage durch örtliche Einsatzkräfte kapazitativ nicht möglich ist, ohne die Gesamtaufgabe der Gefahrenabwehr zu gefährden; Andererseits können die Gefahrenlage oder die erforderlichen Maßnahmen eine Heranführung von Spezialkräften erforderlich machen.

Aufgrund der in den Bundesländern – wegen eigener Handlungshoheit und regionaler Besonderheiten wie z.B. der An- oder Abwesenheit von Störfallbetrieben, topografischer Lage oder unterschiedlicher Bevölkerungsdichte – unterschiedlichen Umsetzung des gesetzlichen Auftrages zur Gefahrenabwehr ist der Einsatzradius für Einheiten unterschiedlich groß. Sicher ist es ebenfalls nachvollziehbar, dass ganz besondere rechtliche und organisatorische Rahmenbedingungen eingehalten werden müssen:

- Der überörtliche Einsatz einer Einheit der Gefahrenabwehr bedarf immer eines Einsatzbefehls des Trägers der öffentlichen Gefahrenabwehr.
- Eine Einheit im überörtlichen Einsatz ist selbst dafür verantwortlich, dass sie beim Eintreffen im Einsatzgebiet vollumfänglich einsatzbereit ist.
- Es muss auf jeden Fall vermieden werden, dass eine Einheit anfänglich Hilfe braucht, um uneingeschränkt eingesetzt werden zu können.

Um diese Voraussetzungen sicherzustellen, müssen sich zunächst die zuständigen anfordernden und entsendenden Gefahrenabwehrbehörden auf der Basis bereits bestehender nationaler oder internationaler rechtlicher Regelungen verständigen. Die Behörden müssen trotz der Entsendung dieser Einheiten die Sicherstellung der eigenen Gefahrenabwehr garantieren. Ähnlich verhält es sich, wenn z. B. Gliederungen von Hilfsorganisationen Träger von Einheiten des Sanitätsdienstes sind. Auch hier hat die zuständige Gefah-

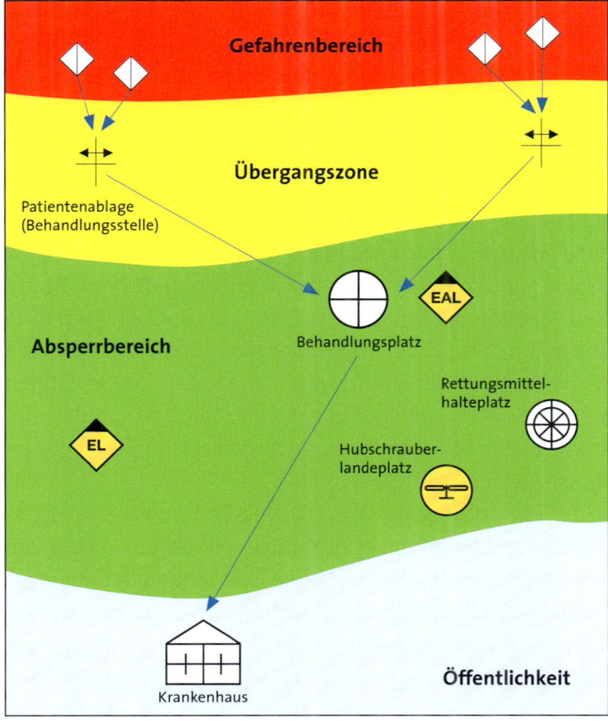

Abb. 10 ▶ Raumordnung für medizinische Versorgung Betroffener in der Übersicht

renabwehrbehörde die Entsendung einer Einheit zu genehmigen, bevor sie ausrückt, wenn diese Einheit in die öffentliche Gefahrenabwehr integriert ist. Das Ergebnis dieser Vereinbarungen ist der Einsatzbefehl an zu entsendende Einheiten.

Eine wesentliche Voraussetzung für die Befähigung einer Einheit für den überörtlichen Einsatz ist, dass Einheitsführung und Mannschaft gemeinsam eine solche Aufgabe im Vorfeld durchgeplant und geübt haben. Als Ergebnis einer solchen Vorbereitung sollte ggf. eine Ausrüstungsergänzung erfolgen und eine interne Checkliste für die persönliche Vorbereitung erarbeitet werden.

Vorausgesetzt, dass zu Einsatzbeginn schon klar ist, dass im Umkreis von bis zu 100 km ein Einsatz innerhalb eines Tages abzuleisten ist, reicht es aus, dass Fahrzeuge vollgetankt abfahren und entweder Bargeld oder Tankkarten dem Einheitsführer mitgegeben werden, damit Betriebsstoffe für Fahrzeuge und Ausstattung beschafft werden können. Wenn zum Zeitpunkt des Ausrückens von der anfordernden Behörde noch nicht die Versorgung der Einsatzkräfte mit Essen und Trinken zugesichert werden kann, so ist auch die Versorgung der Einsatzkräfte vom Entsender der Einheit sicherzustellen. Gleiches gilt für Verbrauchsstoffe der Einheit entsprechend ihrem Einsatzzweck, wenn dies nicht im Einsatzgebiet sichergestellt ist.

Ist ein mehrtägiger überörtlicher Einsatz vorgesehen, so gilt als Grundregel, dass eine Einheit mindestens 24 Stunden vor Ort im Einsatz sein kann, ohne dass sie irgendeine Fremdversorgung benötigt. Einsatzkräfte benötigen dann eine persönliche Ausstattung, wie z.B. Reservekleidung, Waschzeug, Schlafunterlage und Schlafsack, Essgeschirr, Hygieneartikel, persönliche Medikamente, Sonnenschutz usw. Diese Dinge müssen dann persönlich zuzuordnen sein und benötigen entsprechenden Stauraum, um mitgeführt zu werden.

Für ein sicheres und zeitgerechtes Eintreffen an der Einsatzstelle ist die Festlegung einer ersten und einer alternativen Fahrtroute wichtig, auch müssen die Kraftfahrer entsprechend eingewiesen werden. Selbstverständlich bleiben die Fahrzeuge einer Gruppe auf der Anfahrt zum Einsatzgebiet im Verband zusammen. Eine Reaktion auf Pannen mit liegenbleibenden Fahrzeugen oder auch auf Eigenunfälle muss vor dem Ausrücken geplant und allen Einsatzkräften bekannt sein.

Das Eintreffen im überörtlichen Einsatz kann gut vorbereitet werden, wenn kurz vor dem Erreichen des Schadensgebietes eine Marschpause eingelegt wird. In dieser Pause sollen sich alle Einsatzkräfte erfrischen und entleeren können. Die Einsatzfähigkeit sollte geprüft und nachgebessert werden. Der Einheitsführer kann sein Eintreffen mit Stärkemeldung und Zeitangabe der Einsatzleitung mitteilen und dabei seine eigenen Einsatzinformationen ergänzen.

Beim Eintreffen an der Einsatzstelle hat es sich bewährt, der Einsatzleitung eine schriftliche Einheitsbeschreibung zu überreichen. Darin sollten Stärkemeldung, Einsatzwerte, Einsatzgrenzen und Kommunikationsmöglichkeiten enthalten sein.

So kann eine Einsatzleitung die Einheit sinnvoll disponieren und einen angemessenen Einsatzauftrag formulieren, der von der Einheit erfolgreich abgearbeitet werden kann. Auch Versorgung, Unterkunft und logistische Themen können entsprechend der Einheitsbeschreibung geplant werden.

3 Die Sanitätsgruppe in der Veranstaltungssicherung

Die sanitätsdienstliche Veranstaltungssicherung ist das zweite wesentliche Handlungsfeld einer Gruppe im Sanitätsdienst. Häufiger als im Gefahrenabwehreinsatz werden die Fähigkeiten einer Sanitätsgruppe hier abgerufen, und vielfach sind die Sanitätswachdienste die erfahrungsgebenden Tätigkeiten für das Sanitätspersonal. Daher sollen auch in diesem Kapitel allgemeingültige Maßnahmenfolgen beschrieben werden.

3.1 Vorbereitende Maßnahmen

Erreicht eine Anfrage eines Veranstalters zur Durchführung eines Sanitätswachdienstes den hierfür Verantwortlichen innerhalb der Organisationseinheit, ist schon vor einem Vertragsabschluss wichtig, den Gruppenführer der vorgesehenen Sanitätsgruppe in die Planung mit einzubeziehen. Es gilt zunächst aus fachlicher Sicht zu beurteilen, ob die vom Veranstalter vorgesehene Bemessung des erforderlichen Sanitätswachdienstes der eigenen Risikobewertung und kapazitativen Konzeptionierung entspricht. Das kommt dann zum Tragen, wenn (noch) keine behördliche Genehmigung der Veranstaltung vorliegt oder diese aufgrund von Art und Umfang der Veranstaltung nicht erforderlich ist. Ist die Planung des Veranstalters plausibel oder liegt mit der behördlichen Veranstaltungsgenehmigung ein Anforderungsprofil zu Stärke und Aufwand des Sanitätswachdienstes vor, müssen Planungsverantwortlicher und Gruppenführer die Leistungsfähigkeit des Sanitätsdienstes beurteilen, bevor ein Vertragsabschluss getätigt wird.

Nach Vertragsabschluss bindet der Gruppenführer die Mitglieder der Sanitätsgruppe in die Vorbereitungen ein.

Es gilt, den Dienst personell zu besetzen und die erforderlichen Fahrzeuge und Ausstattungen zu disponieren und vorzubereiten. Hierbei ist im Besonderen zu beachten, dass eine Sanitätsgruppe nicht mit demselben Personal und derselben Ausstattung einen Sanitätswachdienst durchführen kann, mit dem sie zeitgleich für den Einsatzdienst in der Gefahrenabwehr in Bereitschaft steht. Die Folge könnte sein, dass der vertraglich verbindliche Sanitätswachdienst die Veranstaltung verlassen müsste, was der Veranstaltung die Genehmigungsvoraussetzung entzöge.

Abschließend erstellt der Gruppenführer den Dienstauftrag (Einsatzbefehl) für den Sanitätswachdienst, in dem der eigene Auftrag, Funktionsbesetzungen, Elemente der Raumordnung, Materialeinsatz, Ansprechpartner, Notfallverhalten usw. definiert sind. Dieser Dienstauftrag wird im Vorfeld der Veranstaltung – z.B. auf einem Gruppenabend mit den Beteiligten der Sanitätsgruppe – durchgesprochen und alle Vorbereitungen werden getroffen.

3.2 Dienstaufnahme am Veranstaltungsort

Je nach Vorbereitungsaufwand des Sanitätswachdienstes muss die Sanitätsgruppe mit einem großen zeitlichen Vorlauf vor Ort sein, damit sie vollständig dienstbereit ist, wenn mit dem Einlass der Besucher die Veranstaltung beginnt. Mit dem Eintreffen am Veranstaltungsort größerer Veranstaltungen erfolgt als erste dienstliche Maßnahme die Akkreditierung der Gruppenmitglieder durch den Sicherheitswachdienst. Dieser nimmt im Regelfall für den Veranstalter die Einlasskontrolle vor und ist für die Sicherheit und Ordnung der Veranstaltung verantwortlich. Der Gruppenführer erteilt die Aufträge zur Einrichtung der Behandlungsstelle(n), Fahrzeugaufstellung usw. an seine Gruppe. Anschließend vergleicht er im Rahmen seiner

Lagefeststellung, ob die tatsächlich vorgefundene Risikobewertung mit der im Vorfeld angefertigten Schutzkonzeption übereinstimmt oder ob aufgrund von Veränderungen im Veranstaltungsdesign Anpassungen erforderlich werden. Die hierfür notwendigen Angaben kann ihm der Veranstalter selbst machen, bei dem er sich ohnehin anmelden muss. Der Gruppenführer sollte sich vor allem über die gegebenen Flucht- und Rettungswege, Sammelpunkte, das Verhalten im Gefahrenfall für Besucher, das Evakuierungskonzept der Veranstaltung und alle für den Sanitätswachdienst relevanten Bedingungen informieren. Die Kenntnis über Vorbereitungen der anderen möglichen Sicherheitsdienstleister am Veranstaltungsort, der Brandsicherheitswache und des Sicherheitswachdienstes ermöglicht gegenseitige Unterstützung, so z.B. auch bei der Übergabe von Betroffenen aus einer Menschenmenge an Wellenbrechern oder einem Bühnengraben in die Obhut des Sanitätswachdienstes. Das Erfassen der notwendigen Kommunikationswege und Erreichbarkeiten dieser Stellen ist genauso erforderlich wie die Weitergabe der eigenen Informationen hierüber.

Wenn die Sanitätsgruppe die Behandlungsstelle(n) betriebsfähig eingerichtet hat, lässt der Gruppenführer seine Sanitätsgruppe zu einer ersten Dienstbesprechung antreten. Er teilt der Gruppe seine aktuellen Informationen mit und weist sie anhand von Objektplänen und Veranstaltungskonzept in die Gegebenheiten der Veranstaltung ein. Wichtig ist, dass jedes Gruppenmitglied die konkreten Sicherheitsplanungen kennt, um bei einem Notfall richtig handeln zu können. Es werden ggf. Trupps zu Streifengängen eingeteilt, Kommunikationswege funktionell geprüft, Pausenregelungen besprochen, An- und Abmeldeprozeduren festgelegt. Wenn kein Mitglied der Sanitätsgruppe mehr eine Frage zum Ablauf hat, meldet der Gruppenführer bei dem Veranstalter oder seinem Ansprechpartner den Sanitätsdienst dienstbereit.

Im weiteren Verlauf der Veranstaltung passt die Sanitätsgruppe – vom Gruppenführer gesteuert – ihre Abläufe des Sanitätswachdienstes den aktuellen Gegebenheiten an. Wenn ein Arzt im Rahmen des Sicherheitskonzeptes vor Ort sein muss, leitet er die medizinische Versorgung und weist die Trupps und Gruppenmitglieder bei medizinischen Maßnahmen an oder lässt sich dabei von ihnen unterstützen. Der Gruppenführer leitet den Sanitätsdienst und ist für dessen Ablauforganisation und Steuerung verantwortlich.

3.3 Zusammenarbeit mit Fachbereichen der Veranstaltungssicherung

Wie zuvor schon beschrieben, wird die Sicherheit und Ordnung auf Veranstaltungen selbst von unterschiedlichen Sicherheitsdiensten gewährleistet. Diese sind:

- Sicherheitswachdienst
- Brandsicherheitswache
- Sanitätswachdienst
- Veranstaltungstechnik.

Für die Sicherheit einer Veranstaltung ist immer der Veranstalter selbst oder ein von ihm bestellter Veranstaltungsmeister verantwortlich. Damit stellt sich eine Leitungsebene dar, die dem Veranstalter gegenüber die Gesamtleitung der Veranstaltungssicherheit vertritt. Es erscheint überaus sinnvoll, dass sich dieses Gremium zumindest am Beginn einer Veranstaltung und dann auch wiederkehrend zu Besprechungen zusammenfindet, um den Status der Sicherheit zu erheben und ggf. Anpassungen festzulegen und durchzusetzen. Für den Sanitätswachdienst bedeutet die Mitarbeit an diesen Besprechungen, dass er über alle sich im Verlauf der Veranstaltung ergebenden Veränderungen informiert ist. Daher sollte der Gruppenführer selbst oder eine von ihm beauftragte Person immer anwesend sein und ggf. die Durchführung solcher Besprechungen initiieren, wenn es niemand anderes tut.

Alle Sicherheitsdienste der inneren Veranstaltungssicherheit haben auch einen öffentlichen Ansprechpartner für den Eintrittsfall von Störungen der öffentlichen Sicherheit und Ordnung. Für die Brandsicherheitswache ist das die Feuerwehr, für den Sicherheitsdienst die Polizei, für den Sanitätswachdienst der Rettungsdienst und für den Veranstalter die genehmigende Aufsichtsbehörde. Auch hier sind Information und Kommunikation wesentliche Erfolgsfaktoren des Sanitätswachdienstes. Entsprechend den örtlichen Gegebenheiten und Regelungen informiert der Gruppenführer z.B. die Rettungsleitstelle über die Dienstübernahme und auch über das Dienstende des Sanitätswachdienstes. Wenn noch nicht im Genehmigungsverfahren der Veranstaltung oder in grundsätzlichen regionalen Regelungen geschehen, gilt es zu vereinbaren, wie im Bedarfsfall Übernahme und Übergabe von Betroffenen an den Rettungsdienst erfolgen oder wie sich der Sanitätswachdienst als Hilfeleistender bei Notfällen in die Struktur und Organisation der Gefahrenabwehr implementieren lässt.

Abb. 11 ▶ Sanitätswachdienst auf einer Veranstaltung

4 Arbeitshilfen für Gruppenführer des Sanitätsdienstes

Regelmäßig wird der Erfolg einer Gruppe im Sanitätsdienst an das Handeln des Gruppenführers geknüpft, d.h. an seine persönlichen Fähigkeiten und Möglichkeiten der wertschöpfenden Steuerung der Einheit. Deshalb ist sicher nachvollziehbar, dass ein Gruppenführer immer dann Arbeitshilfen zur Hand haben sollte, wenn er Entscheidungen vorbereiten oder treffen muss oder wenn er aufgrund von Standards spezifische Herausforderungen bestmöglich bewältigen muss. Schon jetzt sei auf den Anhang mit Checklisten und Arbeitsblättern verwiesen, die praxisorientierte Arbeitshilfen sind.

4.1 Tätigkeitsbeschreibung für Gruppenfunktionen

Als Grundlage für die transparente und angemessene Verteilung von Aufgaben, Kompetenzen und Verantwortlichkeiten auf Funktionen und damit auf Personen innerhalb einer Sanitätsgruppe sind Tätigkeitsbeschreibungen das Mittel der Wahl.

4.1.1 Grundlagen und Systematik

Will man eine Sanitätsgruppe mit hoher Qualität und hoher Effizienz langfristig erfolgreich einsetzen, ist eine Grundvoraussetzung, dass die Einsatzkräfte in den Truppfunktionen alle Grundtätigkeiten entsprechend geltenden Dienstanweisungen, Arbeitsanweisungen und Standard-Einsatz-Regeln der Sanitätsgruppe beherrschen und unter der Anleitung und Steuerung des Gruppenführers durchführen können. Besonders in Hinblick auf das ehrenamtliche Engagements, die rückläufigen Zahlen nach der Aussetzung des Wehrdienstes für den Katastrophenschutz, die soziale und emotionale Stellung der Helfer in den Organisationen und deren Einheiten, ihre Begeisterungsfähigkeit für die Übernahme von Verantwortung und die sichere und dauerhafte Motivationsfähigkeit und -möglichkeit durch die Führungskräfte ist die Tätigkeitsbeschreibung für alle Helferfunktionen nötig.

In einer Tätigkeitsbeschreibung werden in unterschiedlichen Abschnitten Aufgabeninhalte sowie funktionelle und strukturelle Bedingungen so eindeutig beschrieben, dass jeder Interessierte sich ein Bild von der Mitarbeit in der Sanitätsgruppe machen kann. Er kann entscheiden, ob er sich grundsätzlich für die Aufgabenstellung geeignet hält und ob er auch langfristig sein Engagement einbringen will. Auch erhält er eine Perspektive und damit einen erheblichen Motivationsschub, wenn er eine erstrebenswerte Funktion erreichen möchte.

Für den Träger eines Sanitätsdienstes und die zuständigen Einheitsführer gibt die Tätigkeitsbeschreibung die nötige Hilfestellung, um besser als bisher den am besten geeigneten Helfer für eine Funktion unter mehreren »Bewerbern« auszuwählen. Weiter gelingt es, anhand aller Tätigkeitsbeschreibungen der Sanitätsgruppe besonders geeignete Helfer auf die richtige Funktion zu setzen und innerhalb eines Ausbildungskonzeptes auch zu fördern.

4.1.2 Inhalte einer Tätigkeitsbeschreibung

Erster Abschnitt ist die »strukturelle Eingliederung« der beschriebenen Funktion. Es wird beschrieben, wie die Funktion in die Einheit und auch in die Organisation, zu der die Einheit gehört, eingebunden ist. Deutlich werden Zuordnungen zu den direkten Führungskräften und in die

Aufbauorganisation herausgestellt, um eine Orientierung im Gefüge der Einheit zu ermöglichen.

In dem Abschnitt »Aufgabenbeschreibung« wird aufgezeigt, was Inhalt der Tätigkeit ist. Hierbei soll, selbstverständlich am Einsatzwert der Einheit orientiert, die globale

Tätigkeitsbeschreibung für Helfer

Organisatorische Eingliederung Struktur-Nr.: ____

Funktion: ____ Einheit: ____

Führungskraft: ____

Aufgabenstellung:

Qualifikation:

Ausbildung: ____

Erfahrungen: ____

Körperliche Eignung:

Bedingung: ____

Einschränkung: ____

Abb. 12 ▶ Beispielformblatt einer Tätigkeitsbeschreibung

Zielsetzung benannt werden. Noch wichtiger aber ist die möglichst vollständige Aufzählung elementarer Tätigkeiten und Verantwortlichkeiten, die das jeweilige Aufgabenspektrum umfasst. Ein weiterer sinnvoller Inhalt der Beschreibung einer Aufgabenstellung ist die Benennung von Kontaktstellen und Abgrenzungen zu den anderen Tätigkeitsbeschreibungen der SEG.

Der Abschnitt »Qualifikation« beschreibt einerseits, welche formelle Qualifikation ein Helfer haben soll, um genau diese Funktion besetzen zu können, und ggf. auch den Zeitrahmen, in dem der Helfer die angestrebte Qualifikation erlangt haben muss. Andererseits wird in diesem Abschnitt beschrieben, welche Erfahrungen ein Helfer, etwa durch seinen beruflichen Hintergrund, bereits haben sollte, damit er für genau diese Funktion besonders geeignet ist.

Abgerundet wird die Tätigkeitsbeschreibung durch den Abschnitt »körperliche Eignung«. Durch diese wird vor allem bei einer Verwendung in der Gefahrenabwehr begünstigt, dass eine Einsatzkraft auch den physischen und psychischen Anforderungen gewachsen ist. Eine Aufzählung von Vorbelastungen als Ausschlusskriterien für eine Mitwirkung in der Sanitätsgruppe im Einsatzdienst kann hier eine wertvolle Hilfe sein. Als Beispiele können hier chronische Wirbelsäulenerkrankungen, Herz-Kreislauf-Erkrankungen oder psychologische Krankheitsbilder gelten, die bei einsatzbedingter körperlicher und geistiger Belastung vielleicht sogar vitalbedrohende, schädigende Folgen für den Betreffenden wahrscheinlich werden lassen. Weiter soll hier aufgezeigt werden, welche Untersuchungen nach arbeitsmedizinischen Grundsätzen der Berufsgenossenschaften nötig sind. Selbstverständlich kann hier auch berücksichtigt werden, welche körperlichen Einschränkungen möglicherweise unter welchen Bedingungen hingenommen werden können.

4.2 Qualität und Sanitätsdienst

Leistungen einer Sanitätsgruppe in ihren Handlungsfeldern müssen bewertbar sein. Das ist nicht nur intern wichtig, um sagen zu können »Wir sind gut«. Ebenso wichtig ist es für die Aktionspartner in der Gefahrenabwehr – wie der Veranstaltungssicherheit –, Gruppen im Sanitätsdienst bewerten und sich selbst damit positionieren zu können.

4.2.1 Genereller Qualitätsanspruch

Der qualitative Anspruch an die Arbeit einer Sanitätseinheit definiert sich über ihre Struktur-, Produkt- und Prozessqualität. Nun ist es nicht so, dass diese Parameter separat für sich eine Aussage über die Güte eines Systems wie den Sanitätsdienst treffen; vielmehr wirken sie als Gesamtbild und stellen einen gemeinsamen »Gütewert« für den prüfenden Betrachter dar.

4.2.2 Die Strukturqualität

Die Strukturqualität ist die Güte des inneren Aufbaus des gesamten Systems des jeweiligen örtlichen Sanitätsdienstes. Abhängigkeiten bestehen z.B. im Zusammenhang mit Trägerschaft, Organisationszugehörigkeit, Organisationsform des Geschäftsfeldes oder parallelen Organisationsformen anderer Fachdienste. Zur Strukturqualität gehören Organisation sowie Art und Einteilung von Führung und Verantwortung mit der Definition und Abstimmung von Aufgaben und Kompetenzen von Führungskräften und Führungsebenen, einschließlich der erforderlichen Transparenz für alle Beteiligten. Weitere Eckpfeiler der Strukturqualität sind die Angemessenheit der Zuordnung von Personal und Material. Die Angemessenheit der Finanzmittel und die

Steuerung der Budgeteinhaltung bilden den Rahmen. Eine Sanitätsgruppe darf hier ausschließlich in der Gesamtheit des Systems betrachtet werden, in das sie eingebettet ist.

4.2.3 Die Produktqualität

Die Produktqualität ist die Güte der Gesamtleistung, die von der Sanitätsgruppe in ihrem Leistungsfeld – der präventiven und reaktiven medizinischen Versorgung von individuellen Betroffenen oder von Betroffenengruppen – erbracht wird. Der Aktionsrahmen ergibt sich hier durch die Garantenstellung als Dienstleister für den Bürger, das vom Sanitätsdienst gewählte Aufgabensegment (der Produktlinie) und den Anspruch der anderen, parallel wirkenden Leistungserbringer.

Um hier die Aufgaben einer Sanitätsgruppe optimal an das Umfeld anpassen und eine hohe Produktqualität sicher-

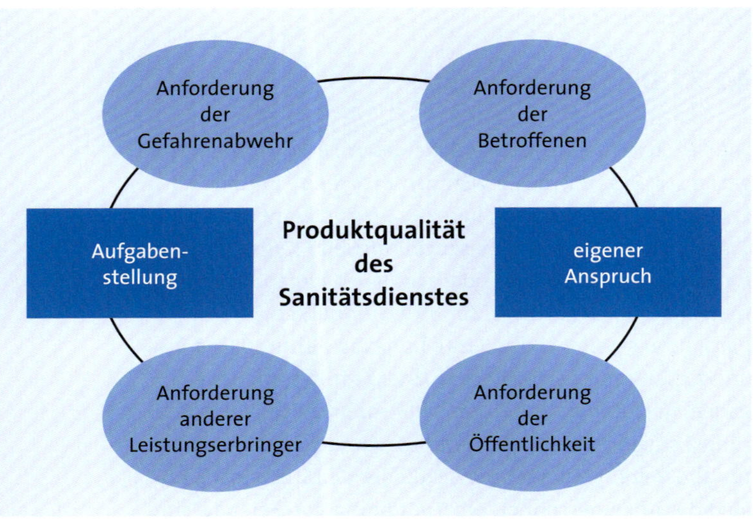

Abb. 13 ▶ Einflussfaktoren auf die Produktqualität des Sanitätsdienstes

stellen zu können, ist es erforderlich, immer wieder die Bedürfnisse der Bürger zu berücksichtigen. Ebenso sollten die Wünsche und Anforderungen anderer Beteiligter der Gefahrenabwehr sowie der Absicherung von Veranstaltungen beachtet werden.

4.2.4 Die Prozessqualität

Die Prozessqualität ist die dritte Säule unseres Qualitätssystems. Sie beschreibt die Güte des Verfahrens, in dem eine Sanitätsgruppe ihre Aufgaben bearbeitet. Die Arbeitsabläufe einer Sanitätsgruppe im Einsatz der Gefahrenabwehr müssen schnell, sicher und angemessen sein. Sie umfassen dabei die Leistungsspektren:

- präventive Risikominimierung und Sicherheitsplanung
- Vorbereitung auf die Bearbeitung von medizinischen Notfällen
- die tatsächliche medizinische Versorgung Betroffener
- Zusammenarbeit mit Rettungsdienst und anderen Fachdiensten
- Ablaufsteuerung im Sinne von Führung und Koordination
- Evaluierung von Einsatz und Sanitätswachdienst im Sinne des »lessons learned«.

Es soll so viel Aufwand wie nötig und so wenig Aufwand wie möglich betrieben werden. Das ist der Effizienzgrundsatz – die wesentliche Bemessungsgrundlage für die Qualität des Arbeitsprozesses. Hier sollen nur einige Fragen im Zusammenhang mit der Prozessqualität aufgezeigt werden. Sie verdeutlichen die Anforderung an »Effizienz« im Sanitätsdienst:

- Welche Fähigkeiten braucht welcher Funktionsinhaber einer Sanitätsgruppe?
- Mit welchen Arbeitsanweisungen sind Arbeitsgänge beschrieben?
- Welche Arbeitsbedingungen herrschen an welchem Arbeitsplatz?
- Mit welchen Arbeitsmitteln werden Tätigkeiten ausgeführt?
- Wie werden infrastrukturelle und logistische Voraussetzungen erfüllt?
- Wie werden einzelne Tätigkeiten aufeinander abgestimmt, geplant und gesteuert?
- Wie sind Information und Kommunikation geregelt?

4.2.5 Effizienz in der Prozessqualität

Die Beantwortung der zuvor beschriebenen Fragen zur Prozessqualität belegt, dass ein optimales Arbeitsergebnis der gradlinige, direkte, sichere und erfolgsgarantierte Hand-

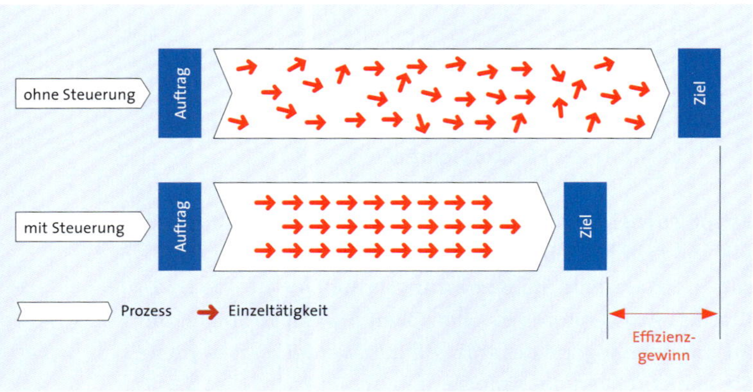

Abb. 14 ▶ Effizienzgewinn durch Steuerung von Einzeltätigkeiten

lungsablauf zwischen dem Auftrag zu einer Leistung und der Zielerreichung ist.

Abbildung 14 verdeutlicht, wie eine Standardisierung der Abläufe den Weg des gesamten Prozesses optimiert. Das Maß der Wegverkürzung in dieser Darstellung ist der Zugewinn an Effizienz. Die Güte der Prozesse ist daher stark von der Fähigkeit der Beteiligten abhängig, auf im Vorfeld optimal abgestimmten Wegen und im Rahmen von Standard-Einsatz-Regeln und Arbeitsanweisungen oder Prozessablaufbeschreibungen zu arbeiten. Hierfür wurden diese Standards definiert und etabliert.

Anhang

Umgang mit Checklisten

Grundsätzlich kann gesagt werden, dass jeder Mensch seine eigenen, selbst erstellten Checklisten benötigt. Einerseits fließen die eigenen Gedanken, Kenntnisse und der eigene Wissensbedarf bei der Erstellung dieser Form von Memoranden ein. Zum anderen wird die selbst erstellte Darstellung von Abfragen und Erinnerungen wahrscheinlich die eingängigste Form für den Benutzer sein. Checklisten haben unterschiedliche Formen und Funktionen. Oftmals sind elektronische Dokumentationen, Programme oder einfach nur Protokolle schon so aufgebaut, dass sie wie eine Checkliste in genau definierten Schritten durch einen Vorgang führen und dabei die Fixpunkte oder Arbeitsschritte mit Eingaben verpflichten. Allerdings ist die Verwendung solcher Programme von verfügbaren Energien oder von der Verfügbarkeit eines mobilen Datenflusses abhängig. Genau dies ist aber an Einsatzstellen nicht immer gegeben oder mit Ausfallwahrscheinlichkeit belegt. Erfahrungswerte belegen, dass ein einfaches Schreibgerät, vielleicht noch folienlaminierte Vordrucke und wasserfeste Folienstifte in den Einsatzunterlagen die beste Variante sind.

Zur Erstellung einer personenbezogenen Checkliste ist es erforderlich, den enthaltenen Vorgang oder die Fragestellung zunächst einmal zu beschreiben. Dabei fallen dem Ersteller vollkommen klare und stets im Wissen präsente Inhalte genauso schnell auf, wie diejenigen Elemente, die wahrscheinlich zumindest in stressigen Situationen nicht rechtzeitig bedacht werden. Bei dem sich dann anschließenden Aufbau der Checkliste besteht die Gefahr, dass sich die im Vorfeld unklaren Punkte derart in den Mittelpunkt der Liste drängen, dass sie zwar bei Einsicht in die Liste auffallen, aber nicht zuzuordnen sind. Wichtig ist also, dass der Gesamtprozess mit diesen Elementen verwoben wird. Das kann durch die Einbindung von grafischen Elementen wie z.B. Pfeilen oder Symbolen für Prozessablaufbeschreibungen erfolgen. Einfache Erinnerungspunkte können in Listen zusammengefasst und, nachdem sie erledigt sind, angekreuzt, durchgestrichen oder abgehakt werden. Es ist zu empfehlen, dass sich ein Gruppenführer einer Sanitätsgruppe gleich ein ganzes Heft mit Checklisten und Einsatzunterlagen erarbeitet, z.B. Objektpläne, Kartenmaterial des eigenen »Ausrückbereiches«, Informationen zu organisationsinternen Gegebenheiten oder Versorgungseinrichtungen bzw. Akteuren in der Gefahrenabwehr. Er sollte diese Mappe im Dienst sowie auch zu jedem Einsatz mit sich führen, damit er sich ständig damit befasst. Nur so kann er feststellen, wann seine Checklisten nicht ausreichend sind und sie ergänzt und aktualisiert werden müssen. Wenn er mit seiner Sanitätsgruppe nicht so häufig in den Einsatz kommt oder in Einsatzübungen eingebunden wird, sollte der Gruppenführer seine Checklisten mindestens einmal im Quartal durcharbeiten und überprüfen, damit er nicht verlernt, damit zu arbeiten, und Anpassungen überalterter Inhalte erfolgen können.

Checklisten und Arbeitsblätter

Hier sind Formate von Checklisten und Arbeitsblättern zusammengestellt, die die Arbeit von Gruppen- und Einheitsführern unterstützen und vereinfachen sollen. Sie wurden nach praxisorientierten Kriterien thematisch ausgewählt und beispielhaft so aufgebaut, dass sie unverändert anwendbar sind. Selbstverständlich können sie darüber hinaus überall dort als Orientierungshilfe benutzt werden, wo eine Spezifizierung erforderlich ist.

Anhaltepunkt / Aufstellfläche

direkte Führung

Funktion	Name	Erreichbarkeiten

Funktion	Name	Erreichbarkeiten
OrgL-RD		
LNA		
EL-Feuerwehr		
EL-Polizei		

Auftrag (Was? Wo? Wie?)

Raumordnung (Was ist wo?)

Abb. 15 ▶ Einbindung in die Einsatzstelle

Abb. 16 ▶ SPOT-Schema der Lagefeststellung

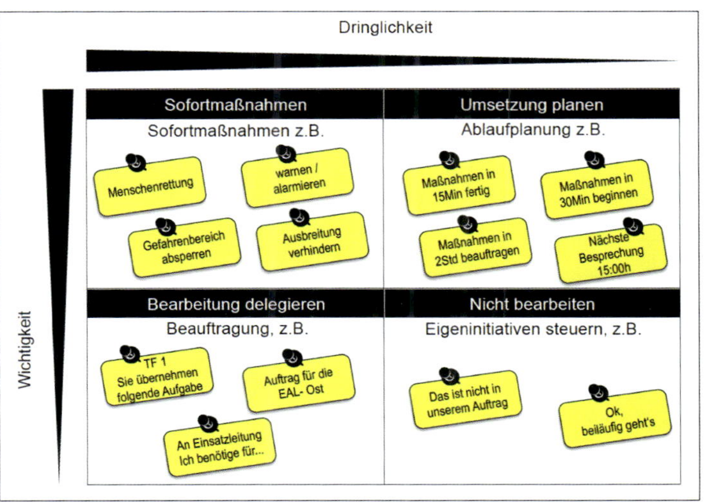

Abb. 17 ▶ »Eisenhower-Schema« zur Priorisierung von Einsatzmaßnahmen

rot	• höchste ärztliche Behandlungspriorität • höchste Transportpriorität	• Transportmittel:	– RTH – NAW – RTW – KTW B
gelb	• hohe ärztliche Behandlungspriorität • hohe Transportpriorität	• Transportmittel:	– RTW – GRTW – KTW B – KTW A
grün	• geringe ärztliche Behandlungspriorität • hohe Betreuungspriorität • keine Transportpriorität	• Transportmittel:	– nicht spezifiziert

- Bedarf entsprechend Betroffenenzahlen planen
- frühzeitige Rückmeldung der Anforderungen
- Raumordnung entsprechend dem Bedarf planen
- Raum-, Zeit- und Mittelplanung in gemeinsame Einsatzbesprechungen einbringen

Abb. 18 ▶ (Vor)Sichtungs-Management-Konsequenzen

Nr.	Thema	Auftrag	Auftragnehmer	Status			
				1	2	3	4

Status 1: beauftragt Status 2: angefangen Status 3: im Plan Status 4: fertig

Abb. 19 ▶ Maßnahmenübersicht

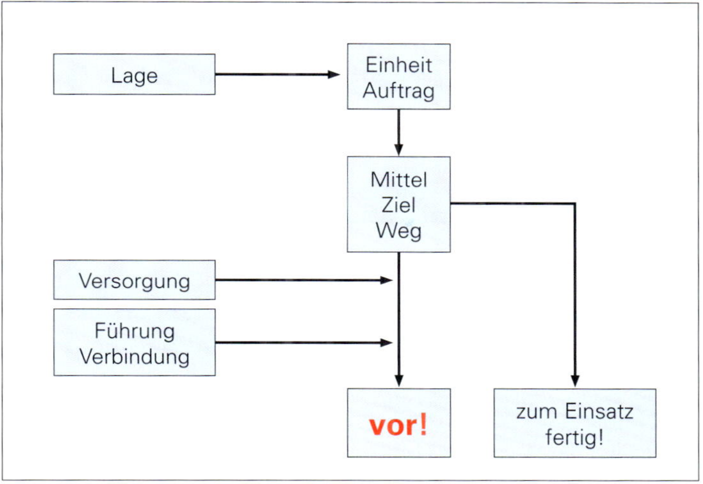

Abb. 20 ▶ Befehlsschema gemäß DV 100

Abb. 21 ▶ Schema für Rückmeldungen

	Funktion	Name	Erreichbarkeit
Veranstalter	Veranstalter		
	Koordination		
	Geschäftsführer		
Brandsicherheit	Wachleiter		
	Posten		
	Posten		
Sicherheitsdienst	Wachleiter		
	Zentrale		
	Deeskalationsteam		
Technik	Bühnenmeister		
	FOH (front of house)		
	Hausmeister		
Polizeiführer vor Ort			Leitstelle / Lagedienst

Abb. 22 ▶ Kommunikationsliste Veranstaltungssicherheit

Veranstaltung:							
von (Dat/Zeit):		bis (Dat/Zeit):		Wachleitung:		Protokollablage:	
Eingesetztes Personal	Name:		Vorname:		von:	bis:	

Zeit:	ein:	aus:	Adressat / Absender:	Inhalt:
			Name, Funktion, Erreichbarkeit eintragen	*Inhalt eintragen*

Abb. 23 ▶ Veranstaltungstagebuch Sanitätswachdienst

Ort / Datum / Uhrzeit:

Thema Veranstalter

Teilnehmer:

Thema Sicherheitsdienst

Teilnehmer:

Thema Brandwache

Teilnehmer:

Thema Sanitätsdienst

Teilnehmer:

Thema Technik

Teilnehmer:

Entscheidungen:

Abb. 24 ▶ Besprechungsprotokoll Veranstaltungssicherheit

Reg-Nr.	Zeit	Name	Versorgung	Transport	Zeit
NN	NN:NN	Name Betroffene/r	Anlass / Maßnahmen / ggf. Transportziel	Fahrzeug-Kennung	Transport-Übergabe

Veranstaltung:	Protokollant/in:	Datum:	Blatt / vom:

Abb. 25 ▶ Versorgungsübersicht Betroffener

Die hier abgebildeten Checklisten und Arbeitsblätter haben wir exklusiv für Sie auch zum Download bereitgestellt unter:

*www.skverlag.de/segmente*5

Begriffe im Sanitätsdienst

Anhaltepunkt

Nicht normierte Bezeichnung einer Stelle, an der eine taktische Einheit beim Eintreffen am Einsatzort zunächst anhält, bis der Einheitsführer die zugewiesene oder zweckmäßige Aufstellfläche erkundet hat.

Behandlungsplatz

Einrichtung mit einer vorgegebenen Struktur, an der Verletzte und/oder Erkrankte nach Sichtung notfallmedizinisch versorgt werden. Von dort erfolgt der Transport in weiterführende medizinische Versorgungseinrichtungen (4).

Behandlungsstelle

Nicht normierter Begriff zur allgemeinen Bezeichnung einer örtlichen Struktur mit der Funktion einer Patientenablage auch bei Nichtvorhandensein eines Gefahrenbereiches an einem Ereignisort.

Bereitstellungsraum

Stelle, an der Einsatzkräfte und Einsatzmittel des Katastrophenschutzes für den unmittelbaren Einsatz oder vorsorglich gesammelt, gegliedert und bereitgestellt werden (4).

Betroffener

Nicht normierte Bezeichnung für eine Person, die aufgrund eines Ereignisses einen physischen, psychischen, sozialen oder sonstigen ideellen oder materiellen Schaden erlitten hat.

Einsatzkraft

Nicht normierte Bezeichnung für eine Person, die ehrenamtlich oder hauptamtlich bei der Durchführung der Aufgaben des Sanitätsdienstes, im Rettungsdienst, im Katastrophenschutz oder in der Katastrophenhilfe mitwirkt.

Erkrankter

Person, deren Gesundheit beeinträchtigt ist, die aber nicht verletzt ist (4).

Großschadensereignis

Ereignis mit einer großen Anzahl von Verletzten oder Erkrankten sowie anderen Geschädigten oder Betroffenen und/oder erheblichen Sachschäden unterhalb der Schwelle zur Katastrophe (4).

Hilfsfrist (Notfallrettung)

Planerische Vorgabe für die Zeitspanne aller Notfalleinsätze eines Rettungsdienstbereiches zwischen dem Eingang des Notrufes in der Leitstelle und dem Eintreffen des Rettungsdienstes am Einsatzort (4).

Katastrophe

Ein Geschehen, bei dem Leben oder Gesundheit einer Vielzahl von Menschen oder die natürlichen Lebensgrundlagen oder bedeutende Sachwerte in so ungewöhnlichem Ausmaß gefährdet oder geschädigt werden, dass die Gefahr nur abgewehrt oder die Störung nur unterbunden und beseitigt werden kann, wenn die im Katastrophenschutz mitwirkenden Behörden, Organisationen und Einrichtungen unter einheitlicher Führung und Leitung durch die Katastrophenschutzbehörde zur Gefahrenabwehr tätig werden (1).

Massenanfall

Notfall, mit einer größeren Anzahl von Verletzten oder Erkrankten sowie anderen Geschädigten oder Betroffenen, der mit der vorhandenen und einsetzbaren Vorhaltung des Rettungsdienstes aus dem Rettungsdienstbereich nicht bewältigt werden kann (4).

Medizinische Task Force

Taktische Einheit mit Spezialfähigkeiten und besonderem Verstärkungspotenzial zur Unterstützung regulärer Einheiten bei der Behandlung und dem Transport Verletzter oder Erkrankter bei einem Großschadensereignis oder einer Katastrophe sowie im Zivilschutz (1).

Patient

Eine Person, die den Einsatz ausreichend geschulten Personals für medizinische Versorgung und einen geeigneten Transport erfordert.

Patientenablage

Eine Stelle an der Grenze des Gefahrenbereiches, an der Verletzte oder Erkrankte gesammelt und soweit möglich erstversorgt werden. Dort werden sie zum Transport an einen Behandlungsplatz oder weiterführende medizinische Versorgungseinrichtungen übergeben (4).

Rettungsdienst

Eine öffentliche Aufgabe der Gesundheitsvorsorge und Gefahrenabwehr, die sich in Notfallrettung und Krankentransport gliedert (4).

Sichtung

Die ärztliche Beurteilung und Entscheidung über die Priorität der Versorgung von Patienten hinsichtlich Art und Umfang der Behandlung sowie Zeitpunkt, Art und Ziel des Transportes (4).

Verletzter

Person, die durch äußere Einwirkung einen Gesundheitsschaden erlitten hat (4).

Vorsichtung

Ist die schnellstmögliche Identifizierung von vital bedrohten Patienten, die lagebedingt als erste eindeutig gekennzeichnet werden. Es handelt sich um eine vorläufige Zustandsbeurteilung, die von Ärzten und Nicht-Ärzten durchgeführt und von einer ärztlichen Sichtung gefolgt wird (4).

Literatur

1. Bundesamt für Bevölkerungsschutz und Katastrophenhilfe (10/2011) *BBK-Glossar. Ausgewählte zentrale Begriffe des Bevölkerungsschutzes*, Bonn
2. DGUV-Regel 105-003 (2005) *Benutzung von persönlichen Schutzausrüstungen im Rettungsdienst*
3. DGUV-Vorschrift 1 (2004) *Grundsätze der Prävention*
4. FwDV 100 (1999) *Führung und Leitung im Einsatz – Führungssystem*
5. FwDV 500 (2004) *Einheiten im ABC-Einsatz*
6. GUV-R/TRBA 250 (2004) *Biologische Arbeitsstoffe im Gesundheitswesen und in der Wohlfahrtspflege*
7. Kersten R (2010) *SEGmente 9: Der Trupp im Sanitätsdienst.* Stumpf + Kossendey, Edewecht
8. Normenausschuss Rettungsdienst und Krankenhaus (2014) *Norm-Entwurf. Begriffe im Rettungswesen. E DIN 13050:2014-04.* Beuth Verlag, Berlin
9. SKK-DV 500 (2008) *Einheiten im CBRN-Einsatz*

Abbildungsnachweis

Alle Grafiken wurden vom Verlag nach den Vorgaben des Autors erstellt.

Abbildungen mit freundlicher Genehmigung von:

Jürgen Schreiber: Abb. 3, Abb. 7
C. von Spiczak Brzezinski, Archiv: Abb. 5a
BBK: Abb. 5b
Clemens Schröder: Abb. 8
Thorsten Trütgen: Abb. 11

Über den Autor

Jürgen Schreiber, Jahrgang 1955, ist seit mehr als vierzig Jahren in Sanitäts- und Rettungsdienst, im Katastrophenschutz des Arbeiter-Samariter-Bundes und in der Feuerwehr tätig. Seit Mitte der 1980er Jahre hat er sich thematisch auf die Handlungsfelder des operativen und strategischen Einsatzmanagements, das präklinische Notfallmanagement sowie die medizinische Versorgung und Dekontamination von CBRN-kontaminierten Verletzten spezialisiert. 1998 beauftragte ihn der ASB-Bundesvorstand mit der Konzeption und Implementierung einer neuen, bundeseinheitlichen Qualifikation von Einsatzführungskräften. Es folgte die Berufung in die Projektgruppe »Besondere Gefahrenlagen/CBRN« (PG9) der Ständigen Konferenz für Katastrophenvorsorge und Bevölkerungsschutz (SKK), deren Leitung ihm von 2007 bis 2010 oblag. Wesentliche Arbeiten sind Standardisierungen von Rettungs-, Sanitäts- und Betreuungsaufgaben und Konzeptionen zur Qualifizierung von Einsatzkräften und Ärzten für den CBRN-Einsatz.

Schreiber ist Dozent und Lehrender mit Lehraufträgen zum präventiven und reaktiven Notfall- und Krisenmanagement an Berufsfachschulen, Fachhochschulen und der Akademie für Krisenmanagement, Notfallplanung und Zivilschutz (AKNZ) des BBK. Er wirkte u.a. bei der Implementierung der Krankenhausvorbereitungen auf CBRN-Lagen in Berlin und Frankfurt a.M. mit. 2006 wurde er als deutscher Experte im Europäischen Katastrophenschutz (DG ECHO) benannt und hat in diversen Qualifikationen, Übungen, aber auch im Einsatz und in Projektarbeiten seine internationalen Erfahrungen vertiefen können. Seine wissenschaftlichen Arbeiten führt er in nationalen und internationalen Forschungs- und Entwicklungsprojekten mit den Schwerpunkten medizinischer CBRN-Schutz, medizinisches Einsatzmanagement und der staatlichen Sicherheitsvorsorge durch.

Schreiber ist Autor, Redakteur, Herausgeber diverser Fachbücher und Aufsätze in seinen zuvor beschriebenen Tätigkeitsfeldern. Seit 2011 ist er außerdem Mitglied des Präsidiums der Deutschen Gesellschaft für Katastrophen-Medizin (DGKM e.V.) und seit 2013 deren gewählter Generalsekretär.

Bausteine des Katastrophenschutzes

»SEGmente« für Helfer und Führungskräfte

SEGmente Band 12
Die Patientenablage

von F. Brüne, W. Polheim, D. Kalff und W. Lenz

- 1. Auflage 2014
- 100 Seiten
- 40 Abbildungen und 3 Tabellen
- durchgehend farbig
- Softcover

Best.-Nr. 147 · € 8,90

Im Gegensatz zum Behandlungsplatz wird die Patientenablage kaum beübt und selten grundlegend beschrieben. Diese Lücke schließt Band 12 dieser Reihe. Er stellt Indikation, Struktur und Organisation einer Patientenablage und den notwendigen Verfahrensablauf in einer Patientenablage speziell aus der Blickrichtung des Regelrettungsdienstes dar. Themen wie Einsatztaktik, Führungsaufgaben, Behandlungs- und Transportsichtung, Raumordnung und Schnittstellen werden dabei auf den Punkt gebracht. Auf mögliche Übungen sowie Probleme und Lösungsansätze wird praxisorientiert eingegangen.